LA

RÉPUBLIQUE

OU

LE PLUS PARFAIT DES GOUVERNEMENTS,

PAR M. MATTON-GAILLARD,

AVOCAT.

Le peuple seul est souverain.

PARIS

COMPTOIR DES IMPRIMEURS-UNIS

— COMON ET Ce —

15, QUAI MALAQUAIS

1848

PARIS. — IMPRIMERIE GERDÈS,
10, RUE SAINT-GERMAIN-DES-PRÉS.

PRÉFACE.

Et moi aussi je veux payer mon tribut à la patrie : je lui offre mes pensées sur la république. gouvernement le plus juste, le plus légitime, le plus parfait.

Le plus juste, car les droits de tous les citoyens y sont également garantis et défendus;

Le plus légitime, car il émane de la volonté nationale librement exprimée;

Le plus parfait, car il assure et maintient à chacun tous les droits naturels compatibles avec l'état social. Or, une nation qui jouit de tous les droits compatibles avec l'état social est aussi heureuse que possible.

Les gouvernements de nos jours et de l'avenir qui n'ont ou n'auront point pour objet le bonheur national, mais celui d'un prince, mais celui de quelques hommes, mais celui d'une caste privilégiée, voudront anéantir cet ouvrage : leurs efforts seront superflus : il restera comme une protestation permanente du droit contre la force et de la liberté contre la tyrannie.

SECTION PREMIÈRE.

PREMIERS PRINCIPES.

Chapitre Ier. — *Nous ne pouvons vivre dans l'anarchie; donc nécessité d'un gouvernement.*

L'anarchie est l'absence d'un gouvernement. Or, il est impossible à une nation d'exister et de se maintenir dans un pareil état. Pour nous en convaincre, voyons ce qui arriverait, si tout à coup, au lieu d'un gouvernement régulier, légitime, le mécanisme social s'arrêtait et abandonnait l'homme à ses forces individuelles.

Anarchie.

Avec l'anarchie, plus de principes, plus de règles, plus de lois. Chaque homme ne connaît que son propre intérêt, ses volontés particulières, ses caprices, ses passions et l'empire de la force.

Avec l'anarchie, plus de sûreté, plus de sécurité, plus de repos, plus de bonheur. Notre vie appartient à qui peut nous l'ôter. Aussi l'homme n'aborde son semblable qu'en tremblant. Il vit dans une frayeur continuelle.

Avec l'anarchie, plus de propriété assurée; et, sans la garantie des propriétés, qui voudra faire des approvisionnements, élever des troupeaux, ensemencer nos champs? Personne. L'homme sera donc réduit aux fruits spontanés de la terre, et, comme la terre est avare de ses productions et ne les accorde qu'aux mains laborieuses, on verrait bientôt, au lieu de nos riches moissons et de notre abondance, la faim, la misère, l'anéantissement de l'espèce humaine.

Les anciens comprenaient parfaitement que l'anarchie était pour l'homme le plus grand des maux et l'état social le plus grand des biens. Aussi les Perses (1), pour rappeler à tous les esprits ce principe éternel, vivaient dans une anarchie complète pendant les cinq jours qui suivaient la mort de chacun de leurs rois. Le vol, le meurtre, le viol, tous les crimes, tous les attentats, étaient permis pendant ces jours de malheur. Avec quel empressement ils rentraient ensuite sous le joug d'un nouveau prince! avec quelle exactitude ils obéissaient à ses lois! Un tyran était pour eux un bienfait, car mieux vaut encore un tyran que l'anarchie. Le tyran n'a qu'une tête, et le souffle d'une nation peut la faire tomber; mais

(1) Ce fait est rapporté par Sextus Empiricus.

l'anarchie est une hydre qui en a mille : on ne peut les abattre toutes. L'état social est donc une nécessité pour l'homme.

CHAP. 2. — *Le gouvernement qui nous est imposé par ruse, par fraude, par violence, est-il obligatoire pour nous?*

Force n'est pas droit. Celui qui par ruse, par fraude ou par violence, usurpe la souveraineté d'un peuple est coupable du plus grand des forfaits : c'est un tyran. Son gouvernement ne sera jamais obligatoire pour nous. Ni lui ni ses descendants n'auront le droit de nous dire : *Obéis.*

L'ancienneté de l'usurpation ne saurait être non plus pour lui un titre légitime. Pourquoi? Parce qu'un abus, quelque ancien qu'il puisse être, est toujours un abus, parce que l'usurpation du despotisme, eût-elle deux mille ans de durée et davantage, est toujours une usurpation. Ainsi, un pareil gouvernement, le peuple a le droit imprescriptible de l'anéantir, car lui seul est souverain.

CHAP. 3. — *Le gouvernement choisi par nos pères est-il obligatoire pour nous?*

Tant que nos organes et notre intelligence n'ont pas acquis leur entier développement, c'est à nos pères à vouloir pour nous, à protéger notre enfance, à nous entourer de soins, à nous faire connaître le bien et le mal, à nous rendre heureux. Mais aussitôt que nous pouvons distinguer nous-mêmes ce qui est favorable ou nuisible à notre bien-être, c'est à nous à nous protéger nous-mêmes; la mission paternelle est terminée. Sans engagement antérieur, libres comme l'air que nous respirons, nous choisissons le gouvernement qui nous plaît : ou bien nous adoptons celui de la patrie qui nous a vus naître, ou bien nous la quittons pour en choisir un meilleur.

Si nos pères avaient eu le droit d'engager à jamais notre liberté politique et l'avaient fait, que serait aujourd'hui l'humanité tout entière? La proie d'une centaine de despotes. Nous autres enfants de la France, que serions-nous nous-mêmes? Les esclaves d'une monarchie despotique de quatorze siècles.

Nos pères ne peuvent donc jamais trafiquer de notre liberté politique et nous assujettir à une forme quelconque de gouvernement.

CHAP. 4. — *Le gouvernement choisi librement par nous est-il toujours obligatoire pour nous?*

Aujourd'hui, une nation peu éclairée, mais libre, s'imagine que le gouvernement monarchique est celui qu'elle doit préférer. Un homme se présente avec toute une vie de gloire et les apparences du mérite le plus éminent. On lui offre la couronne; il l'accepte. Le voilà, *de par nous,* chargé de faire exécuter les lois existantes qui n'ont et ne peuvent avoir d'objet légitime que le bien commun et non l'avantage de celui qui gouverne. Pendant les premiers temps de son règne, il ne parle que de liberté, d'égalité, de fraternité, de patrie. Les cœurs s'exaltent; son éloge est dans toutes les bouches. Malheur alors à l'homme prudent qui oserait dire à ses concitoyens : « Attendons la fin du règne du prince, et s'il a bien mérité de la patrie, nous ferons son éloge. » On le regarderait comme un ennemi du bonheur public, comme un perturbateur, un séditieux, un pervers.

Cependant quelques années se passent. Le prince oublie peu à peu son origine démocratique et le but de son élection. Il se forme une cour. De lâches flatteurs le circonviennent et lui répètent sans cesse que son pouvoir est par trop restreint et que la dignité de sa couronne en est blessée. Ses intérêts de famille, mis d'abord après ceux de la nation, sont bientôt les seuls qu'il recherche. Des idées de despotisme germent dans sa tête. Pour réaliser ses projets, l'occasion seule lui manque, et il l'attend. Les menées et les intrigues de la cour se répandent dans le public. Le peuple, d'abord si enthousiaste, commence à montrer de la froideur et de l'indifférence. Enfin, il reconnaît que sa création n'est pas sans défauts et que le gouvernement monarchique n'est pas le meilleur possible. Il en appelle un autre de tous ses vœux. Il apprend alors que sur une certaine contrée de la terre il existe un gouvernement plus parfait que le sien, car les droits de tous y sont respectés et le despotisme n'y est pas à craindre. Qui oserait soutenir qu'un tel peuple n'aurait pas le droit de détruire son ancien gouvernement et de lui préférer cet autre plus parfait? N'est-ce pas pour l'utilité générale, pour le bien commun que cette nation avait d'abord choisi le gouvernement monarchique? Ce but n'étant pas atteint, c'est encore au nom de l'utilité publique, du bonheur de tous, qu'elle a droit de choisir un autre gouvernement plus parfait.

Ainsi, les rois créés par les peuples sont de simples mandataires révocables à volonté (1). Si une nation, dans un moment d'enthousiasme, avait eu l'imprudence de remettre à un seul homme, comme il est arrivé quelquefois, l'exercice illimité de sa souveraineté, elle aurait toujours le droit de la reprendre, nonobstant toutes conventions contraires (2). Pourquoi? Parce que la souverai-

(1) « Lorsque l'autorité législative a remis entre les mains de quelqu'un le pouvoir de faire exécuter les lois, elle a toujours le droit de le reprendre des mêmes mains, si elle en a un juste sujet, et de punir celui qui l'a administré mal et d'une manière contraire aux lois. » (Locke, *Gouvernement civil*, ch. XII.)

(2) « Le pouvoir exécutif remis à une seule personne, qui a sa part aussi du pouvoir législatif, est visiblement subordonné et doit rendre compte à ce pouvoir législatif, lequel peut le changer et l'établir ailleurs, comme il trouvera bon. » (Locke, *Gouvernement civil*, ch. XII.)

« La volonté de tous n'est jamais faite pour être sacrifiée à la volonté d'un seul; nul homme ne peut acquérir le droit de commander à une nation contre son gré; le monarque peut alors lui représenter son in-

neté des peuples est inaliénable; parce qu'il y a un droit pour les nations antérieur à tous les droits; un droit que rien au monde ne peut combattre et compenser, celui de se rendre heureuses.

CHAP. 5. — *Puisque le gouvernement qui nous est imposé par ruse, par fraude ou par violence, n'est pas obligatoire pour nous, que celui choisi par nos pères ou par nous ne l'est pas davantage, il n'y a donc pas de gouvernement immuable de sa nature, et une nation a toujours le droit de le changer.*

Salus populi, suprema lex. Se rendre heureux est pour tous les peuples un droit imprescriptible, inaliénable. Tout ce qui peut concourir à leur bonheur leur est permis. De là le droit absolu pour eux de juger souverainement s'ils sont bien ou mal gouvernés, bien ou mal représentés. De là le droit absolu pour eux d'étendre, de restreindre les pouvoirs publics, de choisir et d'établir la constitution politique le plus en rapport avec leur ca-

justice, tâcher peu à peu de l'appeler à la raison, lui faire sentir avec douceur les suites de ses démarches imprudentes; mais il mettrait l'injustice de son côté, il deviendrait un usurpateur et un tyran, s'il s'opiniâtrait à lui imposer un joug qu'elle abhorre, ou à la soumettre à des lois qu'elle rejette. Le souverain le plus légitime, le plus sage, le plus vertueux, ne serait plus qu'un tyran, si, contre le vœu public, il s'obstinait à gouverner; il rentre dans l'ordre des sujets, dès que la volonté publique a révoqué ses pouvoirs. » (D'Holbach, *Politique naturelle*, Discours IV, § 7.)

ractère, leurs mœurs et leurs besoins. Ce droit, ils l'ont toujours; car chaque homme, dans l'état de nature, est maître absolu de lui-même, et ce droit, tous l'apportent en société. Qu'on n'entende donc plus nos prôneurs de monarchie nous dire que les nations appartiennent aux princes qui les gouvernent; qu'ils tiennent leur mission de Dieu lui-même; que, par conséquent, à eux seuls, comme représentant la divine Providence, il appartient d'établir toutes les lois nécessaires au gouvernement des peuples. Qu'est donc pour une nation tout entière un seul individu en tout semblable à nous? Au moins, s'il avait à lui seul plus de talents réunis que la nation tout entière! Le plus souvent, au contraire, il est la honte et l'opprobre du genre humain. Et c'est là, nous dit-on, l'image de la divinité? Quel blasphème! Mais ce n'est pas ici le lieu de m'étendre davantage sur les prétendus droits des dieux de la terre. Je réserve à ces ennemis du genre humain une bonne place au chapitre du despotisme.

CHAP. 6. — *Une nation pouvant, quand elle le veut, choisir le gouvernement qui lui plaît, doit nécessairement préférer celui qui lui procurera la plus grande somme de bonheur possible. Or, quel est le gouvernement qui procure à tous les citoyens qui composent une nation la plus grande somme de bonheur possible?*

Nous avons vu précédemment que nous ne pouvions

vivre dans l'anarchie ; que le gouvernement imposé par ruse, par fraude ou par violence, n'était pas obligatoire pour nous ; que celui choisi par nos pères ou par nous ne l'était pas davantage ; il n'y a donc pas de gouvernement immuable de sa nature, et nous avons le droit de choisir celui que nous voulons. Puisqu'une nation a le droit de choisir le gouvernement qui lui plaît, elle doit nécessairement préférer celui qui lui procurera la plus grande somme de bonheur possible. Or, quel est le gouvernement qui procure à tous les citoyens qui composent une nation la plus grande somme de bonheur possible ? C'est la république ou le gouvernement de la nation par la nation. Je vais, dans le cours de cet ouvrage, le démontrer jusqu'à l'évidence.

CHAP. 7. — *Principales formes de gouvernement.*

Les principales formes de gouvernement sont le despotisme ou la royauté absolue, la monarchie constitutionnelle et la république ou la démocratie.

CHAP. 8. — *Despotisme ou royauté absolue.*

Le despotisme est l'usurpation de la souveraineté nationalé, soit par un seul, soit par plusieurs. Ainsi, celu qui commande souverainement à un peuple sans en avoir reçu de lui la mission expresse et libre est un tyran, un despote, un criminel de lèse-nation.

Sous le despotisme, tous les droits et les devoirs de l'homme sont méconnus ou anéantis.

Pas de liberté individuelle;

Pas de propriété assurée;

Pas de liberté commerciale et industrielle;

Pas de liberté de pensée et de la presse;

Pas d'instruction véritable;

Pas de liberté religieuse;

Pas d'égalité de droits;

Pas de liberté civile;

Pas de liberté politique;

Pas de justice;

Pas de sûreté et de garantie sociale;

Pas de fraternité et d'amour de la patrie;

Pas de vertu.

Pas de liberté individuelle.

Dans l'état de nature, nous n'appartenons qu'à nous-mêmes; mais pas de sûreté, pas de garantie pour nous. Dans l'état social, la liberté, les biens et la vie de chacun sont sous la protection de tous.

Sous un gouvernement despotique, ce que nous avons de plus précieux au monde après l'honneur, notre vie appartient au prince. Sur son ordre, un père est arraché à sa famille, à sa femme, à ses enfants. On le jette dans une prison, on le précipite dans un cachot. A qui se plaindre alors? Sera-ce au tyran qui a signé l'ordre de notre arrestation? Mais, pour un esclave, c'est le plus grand des crimes de rappeler à son souverain maître la violation des droits imprescriptibles de l'homme. Le faire serait appesantir nos chaînes. Au lieu de nous plaindre à lui de nos souffrances, ne vaut-il pas mieux nous jeter à genoux et le remercier de nous avoir laissé la tête, lui qui d'un mot, qui d'un signe pouvait la faire tomber?

Pas de propriété assurée.

Le gouvernement des peuples pour un despote est une vaste exploitation, et le grand art du directeur principal est d'absorber à lui seul, sans danger pour sa tête, le produit des travaux de plusieurs millions d'hommes.

Il ne faut donc pas s'étonner si les princes absolus se regardent presque toujours comme les uniques propriétaires de leur empire.

Il ne faut donc pas s'étonner de voir des nations vendues, échangées, louées, données, léguées, comme des troupeaux de bêtes.

Il ne faut pas s'étonner non plus si elles deviennent quelquefois l'apanage et la dot d'un prince ou d'une princesse de sang royal. De pareilles infamies sont familières aux tyrans des nations. Les pages de l'histoire en sont pleines.

Pas de liberté commerciale et industrielle.

La liberté du commerce et de l'industrie n'existe pas sous la tyrannie. Les corporations, les priviléges, les monopoles et les exactions de toute espèce la gênent, l'embarrassent et ne lui permettent pas de se développer.

Pas de liberté de penser et de la presse.

Le pouvoir despotique n'a pour soutiens que l'ignorance, la bassesse et l'abrutissement des peuples. Tout ce qui pourrait faire sortir l'homme de cet état anormal est proscrit.

Si les rois absolus ont en horreur la liberté de penser, à plus forte raison doivent-ils proscrire la presse, qui, par ses bienfaits répandus tous les jours, est à l'intelligence et à la civilisation ce que le soleil est à la terre. Et comment un despote ne craindrait-il pas la presse? A chaque instant ne peut-elle pas déchirer le voile qui couvre ses turpitudes et ses infamies? Ne peut-elle pas rappeler au peuple ses droits imprescriptibles?

Le despotisme est donc, par sa nature, ennemi de la liberté de la pensée et de la presse.

Pas d'instruction véritable.

Dans le gouvernement despotique un seul est tout et

la nation rien. L'instruction n'est que l'art de faire des esclaves (1). Or, pour faire des esclaves, rien ne convient mieux que l'ignorance (2) et la superstition.

Avec l'ignorance, un despote est tranquille sur son trône; car le peuple ne connaît ni ses droits, ni ses devoirs.

Avec la superstition, il fait croire à ses sujets que les maux dont ils sont accablés émanent de Dieu lui-même; que c'est à lui qu'ils doivent adresser leurs plaintes, leurs doléances, leurs prières. Au milieu d'eux, pas un homme libre ne se lève pour dire à ses semblables : « Les maux qui nous accablent n'émanent pas du ciel, mais du trône. Hâtons-nous donc de briser les sceptres et les couronnes, et alors nous aurons bien mérité de Dieu, car il n'est pas d'offrande plus agréable au créateur de toutes choses que les débris d'un trône et la chaîne rompue d'un esclave. »

Pas de liberté religieuse.

La religion est un des moyens à l'aide desquels le despote soutient son usurpation. Celle qui prêche au peuple une obéissance passive est toujours protégée par

(1) On vit à Syracuse des instituteurs chargés de dresser les enfants à l'esclavage.

(2) Athènes est asservie par trente tyrans; le premier usage qu'ils font de l'usurpation des pouvoirs publics est de défendre l'instruction des citoyens.

lui. Il défend même d'en avoir une autre, et des bûchers ont souvent été allumés pour brûler vifs des hommes qui n'ont pas voulu soumettre leur religion à la volonté, au caprice et à l'intérêt de leur maître.

Pas d'égalité de droits.

Dans les gouvernements légitimes, la loi est égale pour tous, et nul ne substitue sa volonté à la volonté nationale. Dans les gouvernements despotiques, au contraire, on ne voit qu'immunités, que priviléges de toute espèce. Le puissant par ses intrigues auprès du maître, de sa maîtresse, de ses favoris, sait presque toujours se soustraire aux ordres du tyran; mais le faible, jamais! Obéir, travailler et se taire, voilà son partage.

Pas de liberté civile.

La liberté civile n'existe pas dans la monarchie absolue, car les sujets ne peuvent faire les lois auxquelles ils sont soumis. Dans ce gouvernement, la loi, c'est l'ordre du maître sur l'esclave, c'est son caprice, c'est son bon plaisir. Telle était notre patrie avant l'immortelle révolution de 1789. « Nous ne connaissons en France, disait le président Hénault, et on l'a toujours reconnu, d'autre souverain que le roi. *Qui veut le roi, si veut la loi.* »

« *Les rois,* dit Louis XIV dans les instructions léguées à son fils, ***sont nés pour posséder et commander à tout. La*** *volonté de Dieu est que quiconque est né sujet obéisse sans discernement* (1). »

Dans un lit de justice, tenu le 7 décembre 1770, le chancelier Maupeou parle au nom du roi de France, et dit : « Nous ne tenons notre couronne que de Dieu. Le droit de faire des lois nous appartient à nous seulement, sans dépendance et sans partage. »

M. de Calonne, dans une lettre adressée à Louis XVI, le 19 février 1789, rappelle une maxime toujours regardée comme la base fondamentale de la monarchie absolue. « *La puissance législative appartient en France au roi sans dépendance et sans partage.* »

Nos rois absolus finissaient toujours leurs lois et ordonnances par ces mots : « *Car tel est notre bon plaisir.* » Quel titre plus respectable pourrait exiger notre obéissance !

Les caprices, les ordres et le bon plaisir d'un roi absolu ne seront jamais pour des hommes libres des lois obligatoires, car il n'y a d'obligatoires que celles établies pour le peuple et par le peuple.

Pas de liberté politique.

La liberté politique n'existe pas plus sous le despotisme que la liberté civile. Puisqu'il est interdit aux su-

(1) *Des Protestants en France*, par M. de Saint-Aignan.

jets de faire les lois auxquelles ils sont soumis, ils n'ont pas le droit, à plus forte raison, de se mêler de la forme à donner au gouvernement qui les régit. Un despote sait très-bien qu'il règne contre la volonté de la nation, et que, s'il laissait à ses esclaves la faculté de choisir la forme de gouvernement qui leur plairait, le premier acte de la souveraineté populaire serait de briser son trône.

Pas de justice.

Les tribunaux, chargés dans les États libres de défendre et de protéger les droits de l'homme et du citoyen, ne sont, le plus souvent, sous le despotisme, que des instruments de servitude, que les soutiens de l'injustice et du crime. En effet, quel est le but principal de ces tribunaux? N'est-ce pas de maintenir dans la personne royale l'usurpation des pouvoirs publics? Or, rien de si injuste au monde et de plus criminel que l'usurpation de la souveraineté nationale.

Pas de sûreté et de garantie sociale.

Pas de sûreté et de garantie sociale, car, sous un despote, il n'y a pas de liberté individuelle, il n'y a pas de véritable société. Une nation opprimée est un vil troupeau d'esclaves dignes de porter leurs chaînes, puisqu'ils n'ont pas le courage de les rompre.

Pas de fraternité et d'amour de la patrie.

Les rois absolus ne craignent rien tant que la fraternité et l'amour de la patrie. Aussi ont-ils toujours pour maxime : *Diviser pour régner.*

Si les membres d'une même nation étaient bien unis entre eux et concouraient tous au bonheur de tous, l'insulte faite à un membre serait ressentie par la société entière, et les droits de l'homme attaqués seraient toujours défendus avec courage. Les rois absolus savent tout cela mieux que nous; aussi leur étude est de jeter la division et la discorde parmi leurs sujets. Lorsque tout ce qui tendrait à les rapprocher, à réunir leurs intérêts et leurs volontés, est détruit, la nation est sans force, l'égoïsme est dans tous les cœurs; chacun s'isole, et les attentats les plus odieux, si nous n'en sommes pas les victimes, nous trouvent tout à fait insensibles. Il n'y a plus de fraternité, d'union, de confiance. Ces rois ne craignent pas alors que leurs sujets s'unissent ensemble pour recouvrer leur liberté.

L'amour de la patrie n'existe pas non plus sous la tyrannie. Jamais on n'y voit ce feu sacré qui animait les trois cents Spartiates aux Thermopyles, qui rendait sous la république romaine les armées invincibles, et qui, il y a un demi-siècle, chassait de notre territoire envahi toutes les armées combinées de l'Europe.

Pas de vertu.

Sous le despotisme, l'homme perd son plus bel attribut, la liberté. Or, sans liberté, point de vertu. Ce qui la remplace, c'est l'intrigue, l'espionnage, la bassesse, la perfidie, la trahison, l'abrutissement, la dépravation, la cruauté, la corruption sous toutes les formes.

CHAP. 9. — *Portrait général des despotes.*

Un despote tient dans sa main tous les pouvoirs de l'État; des millions d'hommes lui obéissent en esclaves; leur vie, leurs biens, leur liberté, appartiennent à leur souverain maître (1). On est saisi d'horreur quand on pense que le bonheur d'une nation tout entière dépend du caractère et des passions d'un seul homme. Les défauts d'un simple citoyen ne sont souvent nuisibles qu'à lui-même ou à sa famille, mais ceux des rois font toujours le malheur des peuples.

Est-il faible et lâche?

L'État est abandonné aux mains de ses courtisans, de ses maîtresses, des intrigants qui règnent et gouvernent à sa place. Au lieu d'un seul despote, nous en avons mille.

(1) Boulainvilliers nous apprend que, quand on parlait à Louis XIII de quelque droit en faveur du peuple, de quelque privilége, il se bouchait les oreilles et criait à tue-tête : « Mais qu'est-ce donc qu'un privilége contre ma volonté! »

Leurs volontés et leurs ordres sont discordants et varient sans cesse. Pas de fixité dans ce qu'ils nomment les lois; pas de fixité dans les règlements administratifs. Mais c'est encore là le moindre mal. Lorsque le despote est lâche et pusillanime, le premier prince entreprenant le fait trembler. A chaque instant, notre territoire mal défendu peut être envahi et pillé; car la faiblesse des chefs d'une nation est le meilleur encouragement donné aux idées de conquêtes.

Il y a, pour les peuples, des circonstances malheureuses qui nécessitent et légitiment la guerre. Un prince faible et lâche, au lieu de diriger contre l'ennemi toutes les forces nationales, au lieu de vaincre ou de succomber avec honneur, se cache au fond de son palais, et n'ose faire qu'une guerre de diplomatie. En de pareilles mains, on voit éclore les traités les plus honteux et les plus déshonorants.

Les Cattes, les Allemands et d'autres peuples de la Germanie déclarent la guerre à Caracalla. Cet empereur leur achète la paix à prix d'argent; et ce traité se faisait dans Rome, elle qui, aux beaux jours de la république, ne demandait la paix qu'après une victoire!

Est-il remuant, ambitieux et amoureux des combats ?

Pour soutenir ses entreprises, pour soutenir ses armées, il accable ses sujets d'impôts. Nouvel Alexandre, nouveau César, il parcourt le monde l'épée à la main, et en un jour fait périr plus d'hommes que la peste la plus effroyable ne pourrait faire en plusieurs années. S'il n'est pas heureux sur le champ de bataille, malheur à la nation qu'il gouverne ! Envahie de tous côtés en même temps, elle devient la proie des vainqueurs. Tout un peuple est alors victime de l'ambition d'un seul homme.

Est-il ignorant et imbécile ?

Le désordre le plus épouvantable règne dans toute l'administration de l'État, et ce désordre ne finit qu'à la mort du prince. Mais a-t-il besoin de talents ? Il ne lui faut pour gouverner que de l'argent, des soldats, des prisons et des bourreaux.

Est-il orgueilleux ?

Il affecte un souverain mépris pour ses sujets. Caligula veut faire de son cheval un consul romain. Charles XII dit aux sénateurs de Suède qu'il leur enverra une de ses bottes pour commander.

Louis XIV se rend au parlement en grosses bottes et un fouet à la main pour défendre les assemblées des chambres.

Est-il superstitieux ?

Il est capable de toutes les folies humaines.

Héliogabale s'imagine qu'une grosse pierre noire, ronde à la base, pointue au sommet en forme de cône, avec des figures bizarres, est le seul dieu de la terre, et il ordonne aux Romains de l'adorer. Malheur à ceux qui ne veulent point se prosterner et croire! Les tourments, les supplices et la mort sauront bien donner raison au prince.

Louis XI, aussi superstitieux sur la fin de ses jours qu'il avait été cruel pendant sa vie, croit que des reliques de saints lui rendront la santé et prolongeront son existence. Vite il écrit au saint-père le pape pour avoir de précieuses reliques. Sa sainteté se fait longtemps prier; mais, à force de supplications, et surtout de promesses, elle se laisse toucher et envoie au roi malade « *le corporal sur quoi cantoit monseigneur saint Pierre.* » Louis XI lui donne en échange le Dyois et le Valentinois.

Les reliques du saint-père ne lui rendent point la santé. Il fait venir alors à grands frais, de la Calabre, le fameux ermite Malortille, et le conjure de demander au ciel ce qu'il n'a pu obtenir du *corporal*. Le pieux habitant du désert se met aussitôt à genoux, et demande à haute voix la santé du corps et de l'âme du monarque. Celui-ci l'interrompt pour lui dire ces fameuses paroles: « Ne parlez pas de l'âme pour le moment. Il ne faut pas importuner les saints de tant de choses à la fois. »

Charlemagne ordonne par son testament que les querelles de ses trois enfants, pour les limites de leur état respectif, seront décidées, après sa mort, par le jugement de la croix. Or, tout le monde sait que le jugement de la croix consistait à élever les deux mains en croix, et que celui qui restait le plus longtemps dans cette position obtenait gain de cause.

Montézuma, empereur du Mexique, aveuglé par une superstition barbare, immole des enfants à ses idoles.

Philippe II, roi d'Espagne, allume des bûchers sur toutes les parties de son empire et y fait brûler ceux de ses sujets qui ne sont pas catholiques.

Est-il enfant?

Il n'en est pas moins capable de gouverner avec sagesse! A la vérité, un enfant de treize ans, de quatorze ans, ne peut se conduire lui-même; mais il est écrit dans le code de la royauté absolue qu'il peut parfaitement gouverner un empire. Une pareille doctrine est si absurde dans la pratique, elle est si contraire au simple bon sens et au bonheur des nations, qu'on la croirait écrite seulement dans quelque conte fantastique destiné à l'amusement de l'enfance. L'histoire de plusieurs millions d'hommes, gouvernés d'une manière absolue par un enfant de treize ou de quatorze ans, serait, en effet, le conte le plus fantastique qu'il fût possible d'imaginer, si, pour le malheur des peuples, elle n'avait été quelquefois une réalité dans le monde (1).

(1) Héliogabale, empereur romain, n'avait que quatorze ans lorsqu'il monta sur le trône; Charles VI fut sacré à Reims à l'âge de treize ans et quelques jours; Charles IX, roi de France, n'en avait que treize un mois et dix-sept jours.

Est-il vieux?

Sa raison affaiblie, son corps débile et tremblant, ses volontés incertaines, sont les seuls garants de la bonne administration de l'État, les seuls gardiens des intérêts publics! Toute la nation semble alors partager la vieillesse et la décrépitude du monarque. Des trésors amassés pendant de longues années, des conquêtes achetées au prix du sang de plusieurs milliers de soldats, sont sacrifiés en un jour à la crainte de la guerre. Le silence, le repos et l'immobilité paraissent être l'unique désir et le bien suprême des rois vieillis sur le trône. Qu'ils jouissent par avance du repos et de l'immobilité de la tombe, personne, je pense, ne voudra leur enlever ce bonheur; mais leur permettre de se mêler encore des affaires publiques, c'est vouloir de gaieté de cœur la ruine des intérêts de l'État.

Philippe II, roi d'Espagne, à l'âge de trente ans, marche et combat à la tête de ses armées; il emporte d'assaut les places de Saint-Quentin, du Castelet, de Ham, de Noyon, etc., etc... Sans alliés, on le voit soutenir la guerre contre la Turquie, la France, l'Angleterre, la Hollande, etc... Rien ne l'étonne, rien ne l'épouvante. Philippe II, à l'âge de soixante et onze ans, est devenu timide comme un enfant. Henri IV profite de la faiblesse de ce prince, et conclut avec lui la paix de Vervins. Les places fortes de la Picardie sont abandonnées sans coup férir, et Henri IV, tout fier de ce traité, dit au duc d'Épernon : « Je viens de faire plus d'exploits que je n'eusse fait de longtemps avec les meilleures épées de mon royaume. »

Louis XIV, dans la force de l'âge, impose sa volonté à la cour, au parlement, à la France, à l'Europe entière.

Devenu vieux, ses bâtards, la Maintenon, les jésuites et le père Letellier le gouvernent et le maîtrisent tour à tour. Aussi répète-t-il sans cesse : « Ah! si j'étais encore roi! »

Est-il débauché?

La débauche est un titre aux faveurs du tyran; car le plus bel éloge qu'on puisse lui faire est d'imiter sa conduite.

L'union conjugale n'est rien pour un prince débauché. S'il voit une belle femme et qu'elle lui plaise, il exile le mari ou le fait assassiner. Il la force de partager sa couche, la déclare hautement sa maîtresse, et outrage ainsi sans pudeur tout ce qu'il y a de plus sacré dans le sein des familles. Si des enfants naissent de cette union, il en fait des princes qui peut-être un jour hériteront le trône et nous gouverneront à leur tour.

Charlemagne rend une ordonnance sévère contre la fornication et l'adultère, et lui-même a jusqu'à neuf maîtresses à la fois dans son palais. Ce qui n'empêche pas dans la suite Pascal III d'en faire *un saint*, car Charlemagne avait fondé des monastères, bâti et enrichi des églises.

Henri III, roi de France, au lieu de s'occuper du soin de l'État, faisait la débauche avec Quelus, Maugiron, Saint-Mégrin, Saint-Luc, Joyeuse le jeune et le duc d'Épernon. La nuit, il mettait des gants de peau pour conserver la blancheur de ses mains, et se couvrait le visage d'une pâte de toilette et d'un masque.

Louis XIV a tour à tour pour maîtresses la Beauvais, Mlle des OEillets, Mlles Landry, La Vallière, la Fontange, Mme de Montespan, Mme de Maintenon, Mme de Soubise, etc. Et savez-vous ce qu'il dit à son ministre Colbert des maris trompés et outragés? « Colbert, envoyez-moi cet « homme-là en exil (M. de Montespan); surveillez sa con- « duite. C'est un homme capable de faire de grandes ex- « travagances. »

Est-il prodigue?

La fortune publique est dilapidée de la manière la plus scandaleuse. Une Pompadour, une Dubarry, puisent à pleines mains dans le trésor public. Les courtisans et les flatteurs qui entourent le trône, gens naturellement avides d'or et de cordons, toujours demandent et toujours obtiennent.

Est-il avare?

Il écrase ses sujets d'impôts, fabrique de la monnaie de

mauvais aloi (1), prétexte une guerre imminente (2), amasse, pour la soutenir, des millions dans son trésor, et annonce ensuite que la Providence, dans sa sainte et digne grâce, a détourné le fléau de la guerre de la tête de ses sujets.

Est-il cruel?

Il n'y a pas une personne dans l'État qui soit à l'abri de sa cruauté. Son père, sa mère, ses enfants, ses frères, ses sœurs, ses parents, ses courtisans sont souvent ses premières victimes. Jetez un coup d'œil sur les annales de tous les peuples, et vous y verrez à chaque page des tyrans dont la cruauté et la barbarie ont fait frémir.

CHAP. 10. — *Prétendue ressemblance d'un despote avec un père de famille.*

Si les princes absolus étaient aux nations ce que sont les pères et les mères à leurs enfants, il ne faudrait pas choisir d'autre gouvernement que le gouvernement despotique. Mais, en général, au lieu d'être les pères, c'est-à-dire les bienfaiteurs de leurs sujets, ils en sont les tyrans.

Un père aime ses enfants, les nourrit, les élève, les instruit, les console, n'existe que pour eux, travaille sans cesse à leur bonheur.

(1) Philippe de Valois, 1328.

(2) Henri VII.

Un despote, au contraire, ne voit dans l'État que lui-même, que sa famille, que ses intérêts. La nation est pour lui une propriété dont il dispose souverainement. Il tient tout d'elle.

Ces palais somptueux qu'il habite, ces tables chargées de mets, qui les lui donne ? C'est le peuple !

Et ces voitures brillantes, et ces chevaux tout fiers de traîner leur maître, qui les lui donne ? C'est le peuple !

Et l'or qui étincelle partout autour de lui ; l'or avec lequel il paie nos geôliers, nos bourreaux, ses maîtresses, ses valets, ses courtisans, qui les lui donne ? C'est le peuple !

Et ces vastes forêts dans lesquelles la royauté va se délasser et s'ébattre en chassant la grosse bête, qui les lui donne ? C'est le peuple !

Et ces châteaux et ces parcs immenses et entretenus à grands frais dans toutes les parties de son empire ; ces demeures royales qui ne voient le prince qu'aux beaux jours du printemps ou de l'été, qui les lui donne ? C'est le peuple !

Et ces armées nombreuses qui protégent son trône plus que nos personnes, nos biens et nos libertés, qui les lui donne ? Le peuple ! toujours le peuple ! Le peuple lui donne son sang, son or, sa liberté ; le peuple lui donne tout. Et lui ne donne au peuple que des chaînes, des prisons, des cachots, des bagnes, des échafauds !

Est-il gouvernement plus paternel ?

CHAP. 11. — *Droit divin.*

Si je voyais dans nos familles princières une succession continuelle de héros qui réunissent en eux, au degré le plus éminent, l'amour de la liberté, de l'égalité de droit, de la fraternité, de la justice, du courage, etc., etc.; si je leur voyais tous les talents nécessaires pour faire le bonheur des peuples, je dirais : « Voilà des princes par la grâce de Dieu. Assurément le ciel a délégué à certaines familles le gouvernement des peuples (1). »

Mais, au lieu de cette suite de héros, nous ne voyons qu'une longue chaîne de tyrans. La Divinité, dont les attributs essentiels et nécessaires sont la bonté, la raison, la justice, n'a donc pas destiné des millions d'êtres au travail, à la misère, aux larmes, à l'esclavage, pour le bon plaisir, les caprices et les fantaisies de quelques hommes, de quelques familles.

Cependant les despotes nous disent : « Nous sommes les souverains maîtres de la terre. Nous tenons de Dieu seul nos droits et notre couronne. Nous sommes, ici-bas, ses images et ses représentants. »

Après Dieu, le souverain maître de la terre, c'est

(1) Un auteur, Rumbold, a dit avec beaucoup d'esprit : « Je ne croirai pas à la souveraineté des rois, si je ne les vois naître avec des éperons, et leurs sujets avec une selle sur le dos. »

l'homme. Or, comme les nations sont des réunions d'hommes, les nations seules sont souveraines.

Vous tenez tous vos droits de Dieu, dites-vous, et vous êtes ici-bas ses images et ses représentants! Cessez donc d'être cruels, traîtres et parjures. Au lieu de tenir les peuples dans un dur esclavage, rendez-leur la liberté que Dieu a donnée à tous les enfants de la terre. Rendez-leur la liberté, et, loin d'être inscrits au nombre des tyrans des nations, vos noms seront gravés, pour toujours, dans le Panthéon de l'humanité. Vous voulez être des dieux! vous voulez des autels! dites à tous : « Soyez libres! » et chaque citoyen vous dressera un autel dans son cœur (1).

CHAP. 12. — *Inviolabilité royale.*

La même raison qui a fait établir des peines pour cause de trahison à la patrie, d'assassinat, de parricide, existe pour les têtes couronnées comme pour les sujets, et dire à un prince que la loi pénale ne saurait jamais l'atteindre, c'est l'engager à devenir criminel. En effet, pourquoi presque tous les despotes signalent-ils leur passage sur la terre par leurs vices sans nombre, par leur perfidie, par leur cruauté, par leur barbarie? C'est qu'ils savent que leur personne est inviolable et sacrée, et que

(1) « La plus grande gloire d'un tyran ou d'un roi serait de changer sa monarchie en démocratie. « (Plutarque, *Banquet des sept Sages.*)

sur la terre ils n'ont rien à craindre des lois et des hommes. Mais, si la crainte des lois et des hommes ne vient pas arrêter le bras d'un Néron, d'un Louis XI, quel frein pourra le retenir? Aucun.

Les apôtres du despotisme nous disent : « Si le chef de l'État n'est pas inviolable, il sera sans cesse en butte à des accusations fausses, et sa dignité princière souffrira de venir se disculper devant des magistrats qui ne sont que ses créatures. »

Le président d'une nation libre, des États-Unis d'Amérique, peut être suspendu pour crime de haute trahison, et sa personne n'est ni sacrée, ni inviolable. Cependant nous ne le voyons pas tourmenté chaque jour par de fausses accusations. La certitude où il est d'être pendu s'il est traître à la patrie, assassin ou parricide, est, pour la nation, une garantie qui vaut bien l'inviolabilité des princes absolus.

Les Égyptiens pensaient que la royauté était le gouvernement qu'ils devaient préférer; mais au moins, à une certaine époque de leur histoire, ils étaient plus sages et plus prudents que les peuples de l'Europe. Un roi leur coûtait beaucoup et pouvait commettre bien des crimes, bien des attentats. Que firent-ils? Ils élurent un roi sans vie, un roi tout à fait impeccable et partant impunissable, et ce roi, qu'ils placèrent majestueusement sur le trône, était une grosse pierre. Qu'un *roi de pierre* soit inviolable et sacré, à la bonne heure; mais l'inviolabilité d'*un roi vivant* est une monstruosité morale et politique.

CHAP. 13. — *Hérédité de la couronne* (1).

Gouverner une nation, c'est-à-dire la rendre aussi heureuse que possible, est ce qu'il y a de plus difficile sur la terre. Cependant il suffit à un enfant de naître d'un prince absolu pour réunir en lui toutes les qualités nécessaires au gouvernement des peuples. Il peut être idiot, imbécile, cruel, etc... N'importe! le père était un prince absolu, le gouvernement absolu appartient au fils par droit d'héritage; car, dit Du Bellay : « L'héritier présomptif et apparent doit être admis à la couronne, quoiqu'il soit fou furieux et damnablement méchant à tous égards. »

Avec des doctrines et un droit aussi absurdes, faut-il s'étonner que les princes absolus croient sincèrement

(1) « Comme il ne peut jamais être avantageux à de grands peuples qui ont parmi eux des gens de bien, doués de vertu, d'expérience et de sagesse, d'être gouvernés par des enfants, par des fous ou par des hommes adonnés à toute sorte de vices, et que nous ne trouvons pas que les vertus requises et nécessaires pour bien gouverner aient jamais continué sans interruption dans une certaine famille particulière, ni que nous n'avons pas lieu de croire que ce miracle arrive jamais, ce serait la chose du monde la plus déraisonnable d'annexer la puissance royale à une certaine famille préférablement à toutes les autres. » (Algernon Sidney.)

avoir le droit de prendre pour eux seuls la substance nécessaire à des millions d'hommes? Un prince qui, pour occuper le trône, n'a besoin que de naître, se soucie fort peu d'acquérir dans sa jeunesse, par un travail soutenu et des soins continuels, les talents et les vertus nécessaires au gouvernement des empires. Travailler sans cesse à se rendre meilleur, consacrer à l'étude la plus belle partie de son existence, et acquérir les qualités brillantes du cœur et de l'esprit, est indigne de l'enfant de la couronne et bon seulement pour l'enfant de la roture.

Si nous devenons malades, nous nous adressons à un médecin, et, s'il vient à mourir, nous n'accordons pas la même confiance au fils, par le motif que son père était médecin. Celui qui agirait ainsi serait, avec raison, regardé comme un fou. Pourquoi voyons-nous donc encore au XIXe siècle des nations entières prosternées devant le fils d'un prince absolu et le reconnaître pour leur chef suprême, par l'unique raison que son père portait la couronne? N'est-ce pas le résultat évident de l'ignorance, de l'abrutissement et de l'esclavage?

Avec les lumières et la civilisation, l'hérédité du commandement suprême disparaîtra, car elle a toujours été le tombeau de la liberté, de l'égalité et de la souveraineté du peuple. Or, rappelons-nous bien que le but des gouvernements est de maintenir la liberté, l'égalité de droits et la souveraineté populaire. Il n'y a donc rien de si opposé au bonheur des nations que l'hérédité du pouvoir suprême.

Chap. 14. — *Impôts sous le despotisme.*

Chaque année, le despote compte ce que lui coûtent ses maîtresses, ses courtisans, ses chevaux, ses valets, sa table, ses palais, ses parcs, ses fonctionnaires, ses magistrats, ses espions, ses soldats, etc., et il dit bien haut à la nation : « J'ai besoin de telle somme pour gouverner. J'ordonne qu'elle me sera payée par mes sujets. Mon ministre des finances, et au besoin mon ministre de la guerre, sont chargés, chacun en ce qui le concerne, de l'exécution de mes ordres; tel est mon bon plaisir. »

L'ordonnance rendue, les impôts sont définitivement et irrévocablement fixés. Alors les sujets n'ont plus qu'une chose à faire : *payer;* payer sans s'inquiéter de l'emploi et de la répartition. Le trône saura bien s'acquitter de ce soin. Dilapider la fortune publique et consommer sans produire, est un talent facile et vraiment digne d'un prince absolu.

Voilà ce que sont les contributions sous le despotisme.

Chap. 15. — *Fonctionnaires publics sous le despotisme. — Serment prêté par eux.*

Les fonctionnaires publics, depuis les ministres jusqu'au dernier agent de l'administration, sont choisis par le despote, par ses maîtresses, par ses favoris. Le patriotisme, le talent, la grandeur d'âme, la vertu, loin d'être des titres de préférence, sont presque toujours des motifs d'exclusion (1). La médiocrité, l'intrigue et la bassesse conduisent aux places, aux faveurs et à la fortune.

Le despote veut des hommes dévoués avant tout à sa personne et à ses intérêts. L'intérêt national ne vient qu'après. Les fonctionnaires publics, sous le despotisme, ne sont donc, le plus souvent, que des hommes sans honneur, sans principes, sans lumières, sans patriotisme. Cependant les despotes veulent les enchaîner par un serment. Avant d'entrer en fonctions, ils les obligent de lui prêter serment de fidélité. Or, pour de pareils hommes, faire un serment n'est rien et n'engage à rien. C'est une pure forme. Demain, s'ils peuvent exercer une nouvelle fonction plus productive à la condition de prêter un serment contraire, on les trouve toujours prêts; trop heureux, à ce prix, d'agrandir leur fortune.

Le roi Robert, effrayé des faux serments qui se renouvelaient chaque jour sous son règne, avait adopté pour les prévenir un moyen qui n'était pas sans prudence. Il faisait prêter serment sur des reliquaires, comme c'était

(1) « Si dans le peuple il se trouve quelque malheureux, honnête homme, le cardinal de Richelieu, dans son *Testament politique*, affirme qu'un monarque doit se garder de s'en servir. » (Montesquieu, *Esprit des Lois*.)

la coutume alors, mais il avait la précaution d'en faire ôter les reliques.

Dans un gouvernement libre, le serment politique est inutile. L'homme juste et intègre, le patriote et le philosophe n'ont pas besoin de serment pour éviter le mal et se conformer aux lois de la nature et de la société. Leur conscience est pour eux une barrière infranchissable, et qui vaut bien le serment des fonctionnaires publics de la monarchie absolue.

Chap. 16. — *Force armée sous le despotisme.*

Les rois absolus ne connaissent qu'un droit, la force; qu'une divinité tutélaire, la force; qu'une vertu, l'obéissance aveugle.

Entre eux et la liberté humaine il y a une guerre continue, implacable. Combattre, combattre tous les jours et à chaque heure, est pour eux une condition d'existence. Or, pour combattre, il faut des armées. Le roi absolu, sous prétexte de défendre l'*indépendance nationale et les lois*, lève sur ses sujets les impôts qu'il lui plaît et compose des armées nombreuses. Les forces qui lui ont été données pour la sûreté nationale ne lui servent que pour asservir le peuple, maintenir son trône et défendre ses querelles particulières.

Dans le gouvernement absolu, le soldat est un être aveugle, ignorant et stupide. Jamais ce n'est la patrie qu'il va défendre sur un champ de bataille; car le pays qu'un despote tient sous son joug n'est qu'une vaste prison. Il se bat pour un maître qu'il n'a jamais vu peut-être, pour une constitution politique qu'il ne connaît pas, pour des querelles qui lui sont étrangères. C'est une machine vivante qui tue et se fait tuer pour deux sous par jour et un morceau de pain noir.

Chap. 17. — *Droit de paix, de guerre et des traités.*

Tous les êtres qui respirent tiennent de la nature le droit de défendre leur vie par tous les moyens qui sont en leur pouvoir;

Ce droit appartient donc à chaque homme.

Une nation est une réunion d'hommes formée d'un consentement commun et libre ;

Une nation a donc le droit de défendre par tous les moyens la vie de tous et de chacun.

Mais la guerre n'est pas toujours conforme à la justice.

Elle n'est juste et légitime que lorsqu'elle est nécessaire.

La volonté nationale librement exprimée peut seule péclarer la guerre et faire la paix et les traités; car la daix, la guerre et les traités intéressent uniquement le bien-être national.

Dans les monarchies absolues et constitutionnelles, la nation n'a pas le droit de faire la guerre lorsqu'elle est nécessaire ; des traités avec d'autres peuples, lorsque ses intérêts lui en font un devoir. Un seul individu dans l'État possède exclusivement ce droit de souveraineté, et des millions d'hommes périssent dans des guerres entreprises presque toujours pour des querelles royales.

Les Francs, nos ancêtres, se gardaient bien de répandre leur sang pour défendre les prétentions de leurs princes. Ces derniers avaient-ils des contestations graves, on armait de part et d'autre, et, à un jour convenu, les deux princes, en présence de toute l'armée rangée en bataille, vidaient ensemble leur querelle à l'amiable ou par les armes (1).

Chap. 18. — *Une nation a-t-elle le droit de se débarrasser d'un tyran?*

Un peuple n'existe que pour lui-même, et son bien-être est le but constant de ses efforts. Tout ce qui peut y concourir et ne nuit pas aux autres nations lui est permis. De là le droit incontestable pour lui de se débarrasser d'un tyran qui l'opprime, et de le faire rentrer dans le néant, quand il n'y a pas d'autre moyen de se soustraire à sa tyrannie.

Une nation, en vertu de sa souveraineté, ordonne à un despote de descendre du trône et de sortir de son terri-

(1) *Agathias*, in-fo; Paris, 1770.

toire. Si, au lieu d'obéir à la puissance du peuple, il appelle la force à son secours, malheur à lui ! Tous les liens qui peuvent l'attacher encore à la société sont rompus. Il rentre dans l'état de nature. Or, dans l'état de nature, chacun a le droit d'opposer la force à la force et de donner la mort à qui veut nous la donner. Si, pendant le combat qu'il provoque, il tombe entre nos mains vivant encore, il aura bientôt un compte terrible à rendre à la justice, à l'humanité. S'il meurt, la nation est vengée.

Le droit de se débarrasser d'un tyran appartient toujours à une nation; mais est-il personnel à chacun de ses membres? Nul doute à cet égard. S'il est beau d'arracher un seul homme à la misère et à la mort, rendre une nation tout entière à la liberté et à la vie politique est l'action la plus sublime. Mais, pour atteindre un but si glorieux, ne nous servons jamais d'armes ou de moyens réprouvés par l'humanité, par la vertu.

Dans les républiques de Grèce et de Rome, ceux qui, d'un coup de poignard, frappaient un tyran étaient divinisés. « Quels chants, dit Cicéron, quelles fêtes, quels sacrifices pour consacrer et immortaliser ces bienfaiteurs de l'humanité ! » Surtout gardons-nous de partager, à ce sujet, l'opinion de nos pères. Le poignard n'est pas une arme loyale. Laissons-la donc entre les mains des despotes et des brigands. L'homme qui respecte la dignité de son être ne s'en servira jamais. Eh ! qui de nous voudrait ramasser le poignard de Brutus, tout dégouttant, tout fumant du sang de son père? César était un tyran, César méritait la mort; Rome seule avait le droit de frapper sa tête. Brutus est un parricide.

DEUXIÈME SECTION.

CHAP. 19. — *Idée générale de la monarchie constitutionnelle.*

Depuis cinquante ans, les monarchies absolues disparaissent tour à tour de la surface de la terre pour faire place à des institutions politiques un peu moins absurdes, un peu moins barbares. La réunion de ces constitutions est ce que nous sommes convenus d'appeler *monarchie constitutionnelle.*

La monarchie constitutionnelle, telle qu'elle est constituée de nos jours, est une vaste aristocratie d'argent couronnée d'un roi. Elle n'est et ne peut être qu'une transaction provisoire entre la liberté et le despotisme. Ce dernier n'a malheureusement encore qu'une trop large part. En effet, de la monarchie constitutionnelle à la monarchie absolue, il n'y a qu'un pas. Je vais en quelques mots fixer leur points de ressemblance et de dissemblance.

La couronne du monarque absolu est héréditaire de mâle en mâle par ordre de primogéniture;

La couronne du monarque constitutionnel est héréditaire de mâle en mâle par ordre de primogéniture.

La personne du monarque absolu est inviolable et sacrée;

La personne du monarque constitutionnel est inviolable et sacrée.

Le monarque absolu a le droit de faire la paix et la guerre et commande souverainement les armées de terre et de mer;

Le monarque constitutionnel a le droit de faire la paix et la guerre et commande souverainement les armées de terre et de mer.

Le monarque absolu fait les traités et alliances qu'il lui plaît avec les princes et les États étrangers;

Le monarque constitutionnel fait les traités et alliances qu'il lui plaît avec les princes et les États étrangers.

Le monarque absolu nomme à toutes les fonctions maritimes, judiciaires, administratives et autres;

Le monarque constitutionnel nomme à toutes les fonctions maritimes, judiciaires, administratives et autres.

Le monarque absolu distribue dans l'État les titres, les dignités, les honneurs et les récompenses;

Le monarque constitutionnel distribue dans l'État les titres, les dignités, les honneurs et les récompenses.

Le monarque absolu prélève sur la nation les impôts qu'il lui plaît et les emploie comme il l'entend;

Le monarque constitutionnel ne peut prélever sur la nation les impôts qu'il lui plaît et les employer comme il l'entend. Les chambres législatives, conjointement avec lui, en fixent la quotité et l'emploi.

Le monarque absolu fait seul les lois;

Le monarque constitutionnel ne peut les faire qu'avec le concours des chambres législatives, et il a le droit de s'opposer, par un seul mot, à toutes celles que la nation aurait faites par ses représentants.

Comme on le voit par le simple rapprochement qui précède, deux points seulement distinguent la monarchie constitutionnelle de la monarchie absolue : le droit de fixer les impôts et celui de faire les lois. Il n'y a donc de distinction à établir entre les rois absolus et constitutionnels que relativement à ces deux points.

CHAP. 20. — *Contributions publiques dans la monarchie constitutionnelle.*

Les deux chambres et le roi fixent ensemble, chaque année, le montant des contributions publiques. Comme presque toutes les fonctions, même celles de la royauté, sont largement rétribuées, les contributions s'élèvent à un chiffre énorme. Dans la république, beaucoup de fonctions sont gratuites; par conséquent, les millions que dévorent les fonctionnaires de la monarchie constitutionnelle sont économisés au profit de la nation. Les contributions publiques du gouvernement républicain sont donc loin d'atteindre le chiffre des impôts de la monarchie constitutionnelle.

En France, nous donnions chaque année au roi comme principal fonctionnaire, à titre de liste civile et de dotation, l'argent nécessaire pour nourrir, vêtir et loger chaque jour soixante à soixante-dix mille hommes. C'était tout à la fois manquer de raison, de justice et d'humanité.

Sous le règne de Louis-Philippe, on se plaignait sans cesse de l'envahissement continuel des droits de la nation par la couronne et de la corruption de nos chambres législatives. Depuis, on a crié moins haut et coupé le mal par la racine. C'était mieux.

« *Un roi ne vit pas de peu,* » a dit Rabelais.

Un peuple indien, qui pensait comme notre naïf auteur, avait eu le bon esprit de faire faire une statue colossale dans les mains de laquelle se trouvait sa constitution politique. Chaque jour, les fonctionnaires publics, et surtout les ministres, venaient y apprendre à respecter les libertés nationales. Cette statue, qui tenait entre les mains le livre de la loi, avait un double avantage sur un roi constitutionnel. D'abord elle vivait de peu; ensuite elle ne tentait point de corrompre à son profit ou à celui de sa dynastie les ministres chargés de l'administration publique.

Le présidènt des États-Unis n'a que 25,000 dollars ou 125,000 francs de notre monnaie. Il ne peut donc, quand il le voudrait, profiter de sa liste civile pour séduire et corrompre les membres du congrès.

La liste civile du roi de Suède, y compris celle de sa famille, n'excède pas 1,200,000 francs. La royauté suédoise s'en contente, et elle fait bien.

La pauvreté et la simplicité des rois de Lacédémone sont connues de tout le monde. Elles firent leur gloire, leur sûreté et le bonheur de cette république. Agésilas, l'un d'eux, tirait vanité de sa pauvreté même et disait qu'il n'avouerait jamais que le grand roi Artaxercès fût plus grand que lui, tant qu'on ne lui prouverait pas que ce monarque était plus juste et plus courageux.

Lorsque les Romains chassèrent les rois du sein de leur patrie, quelques chariots suffirent pour transporter leur mobilier. Leurs terres, plus tard consacrées au dieu Mars et appelées encore aujourd'hui *Champ-de-Mars*, avaient à peine cinq hectares.

Que ces exemples ne soient point perdus pour l'Europe constitutionnelle. Qu'elle diminue, aussitôt qu'elle le pourra, la liste civile de ses rois, et qu'elle n'oublie pas surtout que c'est avec l'argent que César prit dans les

Gaules qu'il acheta les sénateurs et se rendit souverain dans Rome.

Chap. 21. — *Le roi constitutionnel fait la paix et la guerre et commande souverainement les armées de terre et de mer.*

Dans la monarchie constitutionnelle, le roi déclare la guerre et fait la paix quand il le veut et comme il l'entend. Il nomme les chefs des armées de terre et de mer. De *lui seul* émanent les ordres qu'ils reçoivent; c'est à *lui seul* qu'ils doivent obéir.

Laisser à *un seul homme* la faculté de disposer souverainement de toutes les forces nationales, c'est l'engager à anéantir la constitution et à se rendre absolu.

Jamais Cromwell et Napoléon n'auraient pu anéantir la liberté de leur patrie s'ils n'avaient eu le commandement supérieur des forces de terre et de mer.

Lorsqu'une nation s'est dépouillée de toutes les forces qui faisaient sa sûreté, sa garantie, que peut-elle opposer à l'envahissement, par la couronne, de tous les pouvoirs publics? « Le refus de l'impôt, » disent les partisans de la monarchie constitutionnelle. Le refus de l'impôt est un obstacle aussi vain qu'illusoire. Il n'y a qu'un moyen vraiment efficace, l'insurrection. La France vient encore une fois d'en donner l'exemple aux peuples.

Chap. 22. — *La royauté constitutionnelle est sacrée et inviolable, ce sont ses ministres qui répondent personnellement de ses actes.*

Nous avons démontré dans la première section de cet ouvrage combien était absurde la doctrine de l'inviolabilité des rois absolus; l'inviolabilité des rois constitutionnels est bien plus absurde encore.

Un roi constitutionnel choisit des ministres qui, aux termes de la constitution, doivent seuls gouverner. Mais, loin de gouverner, ils sont eux-mêmes les très-humbles serviteurs de la personne royale. Tout ce qu'elle veut, le ministère le veut. L'obéissance est la plus belle vertu d'un ministre constitutionnel. Elle seule suffit presque toujours pour mériter les faveurs du monarque. Pourquoi cette obéissance abjecte dans les membres qui composent un ministère? Pourquoi? c'est qu'un ministre constitutionnel veut, avant tout, conserver son portefeuille et ses appointements. Si l'un d'eux s'oppose à la volonté du monarque, le monarque lui présente aussitôt un dilemme contre lequel il est bien difficile de résister. « Ou faites ce que je veux, ou bien j'accepterai votre démission : choisissez. »

Comme les monarques constitutionnels se gardent bien de prendre pour ministres des hommes à principes et d'une probité politique à toute épreuve, ils n'ont pas à craindre de résistance sérieuse.

Les ministres sont responsables des actions de la personne royale. Fait-elle des sottises, commet-elle des crimes, des attentats, les biens et la tête des ministres sont là pour en répondre.

L'inviolabilité royale est une doctrine absurde; mais est-il quelque chose de plus absurde au monde que de frapper Pierre parce que Paul est coupable? Cette doctrine n'existait que dans notre constitution. Elle n'était ni dans nos mœurs, ni dans nos habitudes. Or, une doctrine que repoussaient nos mœurs et nos habitudes ne devait pas durer longtemps. L'irresponsabilité des rois constitutionnels disparaîtra donc bientôt pour faire place à une responsabilité effective. Charles X et Louis-Philippe, chassés de la France pour avoir violé la constitution, en sont une preuve.

CHAP. 23. — *Droit de grâce.*

Avec l'inviolabilité et le droit de grâce, un roi constitutionnel peut légalement conspirer la ruine des libertés publiques sans rien craindre, *aux termes de la constitution,* ni pour lui ni pour ses complices.

Sans rien craindre pour lui, car sa personne est inviolable et sacrée;

Sans rien craindre pour ses complices, car il peut, à son gré, les soustraire à la prison, au cachot, à l'exil, à la mort même.

Si la royauté était le patriotisme ou la vertu, assurément le droit de grâce ne serait pas dans ses mains une arme dangereuse; mais la triste expérience que nous avons faite des institutions monarchiques nous a prouvé chaque jour que le patriotisme et la vertu ne sont ni les soutiens, ni les ornements des trônes. Le droit de grâce est donc une arme dangereuse laissée entre les mains des rois constitutionnels.

CHAP. 24. — *La royauté constitutionnelle nomme à toutes les fonctions maritimes, judiciaires, administratives et autres. Elle crée même les pairs du royaume.*

Au roi constitutionnel appartient le droit de nommer à toutes les fonctions publiques. Comme elles sont lucratives, une foule de citoyens se présentent et briguent la faveur du prince. Le meilleur moyen de lui plaire n'est point d'avoir des vertus, des talents, un caractère indépendant et libre. De pareilles recommandations touchent fort peu un monarque constitutionnel. Cela doit être; car un citoyen vertueux n'est point accommodant; on ne saurait le faire transiger avec ses devoirs.

Des talents supérieurs ne conviennent à personne, encore moins à un fonctionnaire public. N'est-ce pas manquer de respect à la personne royale que de l'effacer par des talents supérieurs. La médiocrité convient mieux.

Le citoyen d'un caractère indépendant et libre est trop peu souple, trop peu obéissant. Jamais on ne pourra lui faire sacrifier l'intérêt national à celui de la royauté. C'est un homme plutôt dangereux qu'utile. Il est prudent de de s'en passer.

Dans la monarchie constitutionnelle, les fonctionnaires publics sont donc en général les très-humbles serviteurs, non du pays, mais de la couronne.

En France, on compte plus de 55,000 places lucratives à la nomination exclusive du roi (1). De tous les moyens

(1) *Liste des fonctionnaires publics en France.*

Cour de cassation : premiers présidents, conseillers, procureurs-généraux, avocats-généraux et greffiers en chef.	57
Cours royales : le moindre traitement est de 2,250 fr. . . .	934
Tribunaux de première instance.	2,846
Greffiers des tribunaux de commerce.	216
Juges de paix.	2,831
Conseillers d'État et maîtres des requêtes.	50
Cour des comptes : premier président, présidents, conseillers maîtres, référendaires, parquet.	100
Ambassadeurs, ministres plénipotentiaires, secrétaires d'ambassade, consuls, vice-consuls, chanceliers.	150
Instruction publique : conseil royal, professeurs de facultés, recteurs, inspecteurs, secrétaires d'académies et de facultés.	1,359
A quoi il faut ajouter les bourses des colléges royaux. . . .	1,600
Préfets et préfets de police.	87
Sous-préfets.	275
A reporter. . .	10,505

de corruption dont il dispose, celui-ci est certainement le plus puissant. Un auteur (1) a dit : « Si la peste donnait des places et des cordons, la peste aurait des serviteurs et des courtisans. »

La royauté n'est point la peste. A la vérité, son existence est plus dangereuse pour les libertés publiques, mais elle est douce et caressante pour les individus qui l'entourent. Elle doit avoir des milliers de serviteurs et de courtisans. Or, comme, sur toutes les parties de l'em-

Report. . .	10,505
Conseillers de préfecture.	296
Ponts-et-chaussées, ingénieurs en chef et ordinaires, inspecteurs divisionnaires.	456
Mines.	70
Inspecteurs-généraux des finances.	48
Payeurs.	94
Receveurs-généraux.	86
Receveurs particuliers.	275
Contributions directes, directeurs, inspecteurs, contrôleurs et percepteurs.	8,872
Enregistrement et domaines, inspecteurs, directeurs, vérificateurs et receveurs.	3,190
Forêts. conservateurs, inspecteurs et sous-inspecteurs. . . .	327
Douanes, inspecteurs-généraux et ordinaires, et directeurs. .	216
Contributions indirectes, en ne comptant que les directeurs et mille employés sur seize mille.	1,361
Tabac : principaux employés.	100
Postes : inspecteurs et directeurs.	344
Officiers de terre et de mer.	30,000
	55,297

(1) Gordon.

pire, il faut des fonctionnaires publics, la corruption royale s'étend sur toutes les parties de l'empire.

Chap. 26. — *La royauté constitutionnelle distribue les titres, les dignités, les honneurs et les récompenses.*

L'argent, les places, les titres, les honneurs, les dignités, les distinctions de toute espèce sont les moyens de séduction employés tour à tour par les rois constitutionnels pour accroître leur autorité et leur puissance. S'élève-t-il au milieu de nous un défenseur intrépide des droits du peuple, son nom devient-il populaire et sa plume dangereuse, c'est un homme qu'il faut *avoir*. S'il est pauvre, on fait briller à ses yeux l'or et l'argent. Craint-on sa fierté, sa délicatesse, on agit alors d'une façon un peu moins grossière, un peu moins *sonnante*. On lui offre une place honorable et surtout lucrative. S'il est riche, ce n'est pas à force d'argent qu'on achète son apostasie; mais, de roturier qu'il était, on en fait un noble, on en fait un pair, un lord, un sénateur. A la vérité, les rois constitutionnels, en conférant ces dignités, ne peuvent plus, comme dans le bon temps de la royauté absolue, accorder aussi des priviléges et des exemptions; mais, en général, l'homme riche préfère des titres et des dignités à un accroissement inutile de richesses: on lui donne des titres et des dignités. Que faire, si ce citoyen *dangereux*, si ce *pervers* jouit d'une grande richesse, est né au sein de la noblesse et remplit déjà les fonctions les plus éminentes ? Vous croyez peut-être que le cas est embarrassant? Détrompez-vous. La royauté lui offre les honneurs de sa table, l'engage à ses bals, à ses soirées. Malheur à ce citoyen, s'il ne repousse pas avec dédain ces avances perfides! car, dit Sophocle, « tout homme qui est entré libre dans le palais des rois y devient bientôt esclave. »

La liberté n'existera jamais dans un pays où un seul homme dispose à son gré de toutes les fonctions civiles et militaires, des titres, des dignités, des distinctions de toute espèce, et, de plus, d'une liste civile qui pourrait à elle seule nourrir soixante mille hommes par jour (1). Laisser à un roi constitutionnel tant et de si grands moyens de séduction, c'est assurer, dans un temps rapproché, l'anéantissement total des libertés publiques.

CHAP. 26. — *Au roi constitutionnel appartient exclusivement et souverainement le droit de convoquer les colléges électoraux, de convoquer les chambres, de dissoudre à son gré celle des députés, de sanctionner les lois, de les promulguer et de les faire exécuter.*

Dans la monarchie constitutionnelle, la loi est faite par le concours unanime :

(1) « La politique est imprudente si elle exige d'un homme des vertus qui sont au-dessus des forces de l'humanité. Soyez convaincu qu'un roi trop riche par lui-même trouvera mille moyens pour éluder la force des lois. » (Mably, *Gouvernement de Pologne.*)

1° D'une chambre dont les membres sont élus temporairement par les citoyens les plus riches;

2° D'une chambre composée, soit par l'hérédité, soit par l'élection à vie que fait le roi;

3° Du roi.

La chambre des communes, des députés ou des cortès représente, dit-on, la nation; la chambre des pairs, des lords, des sénateurs représente la noblesse.

Le roi défend les intérêts de la royauté.

La chambre des communes ne représente pas la nation, car elle n'est pas l'œuvre de tous les citoyens qui la composent, mais seulement des plus riches. Il n'y a donc réellement que les plus riches qui soient représentés. Les autres citoyens (et c'est la presque totalité, puisque en France, par exemple, il n'y avait que deux cent-vingt mille électeurs sur une population de trente-cinq millions d'âmes) ne sont guère comptés que pour les contributions qu'ils paient à l'État.

Les députés de la monarchie constitutionnelle, fidèles a leur mandat politique, s'occupent fort peu de l'intérêt du peuple, mais beaucoup de leur intérêt personnel, de celui de leurs électeurs, de leurs parents, de leurs amis. Toute loi contraire aux intérêts de leurs mandants, mais d'une utilité réelle pour le reste de la nation, est presque toujours impossible. Or, comme le but des lois est d'obliger les intérêts privés à s'effacer devant l'intérêt général, la loi, dans la monarchie constitutionnelle, perd son véritable caractère.

La chambre des pairs, des lords, des sénateurs, représente la noblesse.

Ainsi, toute loi contraire aux intérêts de la noblesse, quand même elle serait absolument nécessaire au bien-être de la nation, ne pourrait presque jamais avoir d'existence; car le bien-être national est chose dont se soucie fort peu un pair, un lord, un sénateur. Soutenir son titre de *comte* ou de *duc* par son luxe, ses équipages, ses armoiries, ses palais, ses valets aux habits chamarrés de servitude, est bien plus digne d'un noble sénateur.

Le roi défend les intérêts du trône.

Si, dans la monarchie constitutionnelle, il est un intérêt sincèrement et fidèlement défendu, c'est celui du trône. Le roi seul balance et maîtrise le pouvoir des deux chambres. S'il refuse sa sanction, une loi longuement étudiée et discutée n'est plus qu'un chiffon sans valeur et sans importance. Et cependant, disent les partisans de la monarchie constitutionnelle, les deux chambres représentent fidèlement la volonté nationale.

Encore une fois, il n'est pas vrai de dire que les deux chambres des monarchies constitutionnelles représentent fidèlement la volonté nationale; car, comme nous venons de le voir, elles ne représentent réellement qu'une certaine classe de la société, favorisée par la naissance ou par la fortune. Mais supposons un moment que la nation tout entière soit fidèlement représentée par les deux chambres, et raisonnons d'après cette hypothèse.

Si la nation est fidèlement représentée par les deux chambres, de quelle utilité le *veto royal* est-il pour la nation ?

Un roi constitutionnel a-t-il à lui seul plus de sagesse et de raison que la nation tout entière? Non, assurément.

Puisque, au contraire, un roi constitutionnel n'est pas moins infaillible qu'un simple citoyen ; puisque personne au monde ne connaît mieux les besoins d'une nation que cette nation elle-même, pour quel motif donc laisser à un seul individu le droit de *veto* sur la volonté de toute une nation? N'est-ce pas aliéner la volonté de tous que d'accorder à un seul le droit de dire, quand cela lui plaît, à trente-cinq millions d'hommes : « Ce que vous voulez, moi, *le roi,* je ne le veux pas? » Et de quel droit fondé sur la nature et la raison la volonté d'un seul être pourrait, non-seulement balancer celle de trente-cinq millions d'hommes, mais même la paralyser, la suspendre et l'enchaîner? Les gouvernements sont établis pour les peuples et non pour les rois. Les rois ne sont que des commis chargés de l'administration publique et de l'exécution des lois. Qu'ils soient bien logés, bien nourris, bien vêtus, soit; mais leur donner le droit de s'opposer par *un seul mot* à la volonté des peuples, leurs souverains maîtres, n'est ni sagesse, ni prudence, ni raison. C'est nous donner des chaînes et consentir à n'avoir désormais de *volonté* que celle du prince.

Avec le droit absurde du *veto*, une loi votée par les deux chambres, une loi qui serait utile et nécessaire au bonheur public, mais tant soit peu nuisible au pouvoir ou à la dignité du roi, ne sera pas sanctionnée.

Je dis qu'elle ne sera pas sanctionnée; pourquoi? Parce qu'il est en général dans la nature de l'homme et surtout de l'homme couvert du manteau royal, d'étendre sans cesse son empire et sa domination (1). Consentir volontairement à s'affaiblir, à s'amoindrir dans l'intérêt public, est une vertu trop rare dans les princes pour compter sur leur bon et généreux vouloir. Je le répète, ils refuseront leur sanction.

Mais, disent les défenseurs de la royauté constitutionnelle, si le roi ne donnait point sa sanction à une loi utile et nécessaire, les deux chambres l'y forceraient bien, en refusant, comme elles en ont le droit, de voter les impôts. Je l'ai déjà dit, ce refus d'impôt n'est pas un obstacle sérieux. En effet, si la chambre des députés use de son pou-

(1) « L'expérience nous montre que tout homme investi du pouvoir est apte à en abuser; il avance continuellement, jusqu'à ce qu'il rencontre quelque obstacle qui l'arrête. (Montesquieu.)

voir et refuse les impôts, que fera le roi? D'abord, il dissoudra cette chambre *trop hautaine et trop insolente* et en convoquera une autre. Si cette nouvelle chambre n'est pas plus servile que la première et remplit avec courage et dignité ses fonctions législatives, qu'arrivera-t-il? Ou bien le prince la dissoudra encore pour en convoquer une autre et répandra ainsi le trouble, la confusion et le désordre dans les intérêts matériels, et l'irritation dans les esprits; ou bien, avec les forces militaires dont il dispose souverainement, il chassera la chambre, anéantira la constitution et se rendra absolu.

Le *veto royal* est donc non-seulement inutile, mais nuisible aux véritables intérêts des peuples. Cependant il était encore, il y a huit jours, l'objet de nos respects et de notre vénération. Nos enfants riront un jour de la simplicité de leurs pères, et, pour leur bonheur, ne connaîtront plus le *veto royal* que dans l'histoire des nombreuses folies humaines.

CHAP. 27. — *Droit d'élection et d'éligibilité dans la monarchie constitutionnelle.*

J'ai dit, au commencement de la seconde section de cet ouvrage, que la monarchie constitutionnelle était une vaste aristocratie d'argent couronnée d'un roi. Je vais en fournir la preuve.

Dans la république, les droits civils et politiques appartiennent également à tous.

Dans la monarchie constitutionnelle, ils n'appartiennent qu'à une certaine classe de la société favorisée par la fortune. Pour pouvoir concourir à la nomination des députés chargés de représenter les intérêts de tous, il faut avoir de la fortune; pour être éligible à la députation, il faut en avoir bien davantage encore.

En Angleterre, nul n'est électeur, s'il n'a quarante schellings (1) de revenu en propriété foncière.

En France, sous le règne de Louis-Philippe, nul n'était électeur s'il ne payait deux cents fr. d'impôts.

Quelle est la conséquence d'un pareil système? C'est qu'une très-faible partie de la nation est seule représentée.

La population de l'Angleterre, en y comprenant celle du pays de Galles, de l'Irlande et de l'Écosse, est environ de vingt-cinq millions d'habitants, et on y compte seulement neuf cent trente mille électeurs (2).

En France, où la population s'élève au chiffre de trente-

(1) Un shelling vaut 24 sous de notre monnaie.

(2) ANGLETERRE.

930,000 électeurs nomment 698 députés.

L'Angleterre a 800,000 électeurs et nomme 543 députés.
L'Écosse en a 70,000 et nomme. . . . 50 —
L'Irlande en a 60,000 et nomme. . . . 105 —

cinq millions, le nombre des électeurs était encore plus restreint; on n'en comptait tout au plus que deux cent vingt mille (1).

Pour être député en France, il ne suffisait pas d'avoir la confiance des citoyens et un véritable mérite; ces qualités s'effaçaient devant la richesse. L'or y était plus précieux que toutes les vertus morales, que tous les talents réunis. Il suppléait à tout.

En Angleterre, nul ne peut être député des bourgs, s'il n'a trois cents livres sterling de revenu; député des villes, s'il n'a le double.

En France, nul ne pouvait être député, s'il ne payait cinq cents francs d'impôts.

Sous la monarchie constitutionnelle, Bodin, Mézerai, Pierre Corneille, Diderot, Dalembert, Mably, J.-J. Rousseau, ne seraient ni électeurs, ni éligibles.

Aristide, l'un des plus grands citoyens dont s'honore l'Attique, est mort laissant à peine à ses parents de quoi

(1) Cotes des contributions en France sous le règne de Louis-Philippe :

Cotes au-dessus de 5 fr. . . .	5,205,411.
— de 5 à 10 fr. . . .	1,514,251.
— de 20 à 30 fr. . . .	739,206.
— de 30 à 50 fr. . . .	684,165.
— de 50 à 100 fr. . . .	553,230.
— de 100 à 300 fr. . . .	341,159.
— de 300 à 500 fr. . . .	57,555.
— de 500 à 1000 fr. . . .	33,196.
— de 1000 fr. et au-dessus. .	13,361.

faire écrire sur sa tombe : « *Ci-gît le juste Aristide.* » Aristide, sous le dernier règne, n'eût pas été électeur.

Jésus-Christ même, ce grand réformateur du monde, s'il était né au milieu de nous, n'eût été ni électeur ni éligible.

Et toi, philosophe Bias, toi que la Grèce a surnommé *le Sage,* lorsque, quittant Pryenne en cendres, *tu emportais tout avec toi,* c'est-à-dire les vertus qui t'ont valu l'immortalité, tu aurais été chez nous un bien triste personnage!

Le patriotisme, l'amour de l'indépendance, les sentiments d'humanité, étaient des vertus bonnes pour ton temps. La richesse, philosophe Bias, la richesse sous le règne d'un prince constitutionnel est la mesure exacte du vrai mérite, du talent, de la probité, des droits de tous et de chacun. Interroge nos rois constitutionnels, et ils pourront t'initier dans cette nouvelle morale.

Quels citoyens, à leurs yeux, sont dignes des droits civils et politiques, et surtout du droit électoral?

Tous ceux qui ont fortune.

Un citoyen a-t-il reçu de son père de grandes propriétés territoriales, c'est un homme d'un grand mérite, électeur! éligible!

Un malhonnête homme a-t-il, par des fripponneries adroites, renouvelées chaque jour, acquis une belle fortune, il est digne d'être électeur!

Un dépositaire de deniers publics a-t-il, par de coupables concussions, volé les particuliers et l'État, si son crime est caché, il est digne d'être électeur!

Un brigand a-t-il été assez heureux pour tuer un homme chargé d'or et le voler sans être vu, il est digne d'être électeur!

Quelle immoralité!

Et cependant un pareil système électoral a trouvé des admirateurs et en compte encore.

Chap. 28. — *Avenir de la monarchie constitutionnelle.*

Si Polybe, Platon, Aristote et Cicéron existaient de nos jours, ils ne diraient plus qu'un mélange de monarchie, d'aristocratie et de démocratie est la meilleure forme de gouvernement. L'expérience est faite. L'opinion de Tacite a prévalu : *Nam cunctas nationes et urbes populus, aut priores, aut singuli regunt: delecta ex his et consociata reipublicæ forma, laudari facilius quam evenire, vel si evenit, haud diuturna esse potest.* « En effet, chez toutes les nations, c'est, ou le peuple, ou les grands, ou un seul qui gouverne; car une forme de gouvernement qui se composerait à la fois des trois autres n'est qu'une fiction plus louable que possible, et qui, même réalisée, ne pourrait avoir une longue durée (1). » Dans les temps modernes,

(1) *Annales* de Tacite, liv. IV, ch. xxxiii; traduction de Dureau de la Malle.

les Anglais, les premiers, créèrent et adoptèrent cet amalgame incohérent de pouvoirs politiques auquel on a donné le nom de monarchie constitutionnelle. Cette forme de gouvernement fut d'abord prônée par les publicistes et les philosophes comme le *nec plus ultra* de la sagesse humaine; mais, aujourd'hui, le prestige a disparu pour faire place à la réalité. La monarchie constitutionnelle n'est et ne peut être regardée que comme un gouvernement de transition. Son pouvoir sera nécessairement limité chaque jour, jusqu'au moment où le gouvernement républicain pourra lui succéder sans secousse et sans violence. Vouloir, dans certains États, détruire en un jour la monarchie constitutionnelle pour constituer la république, serait brusquer les mœurs publiques et préparer aux peuples de grands malheurs. Les républicains anglais qui eurent le courage d'abattre le trône de Charles Ier marchèrent trop vite dans leur belle œuvre d'émancipation, et manquèrent de cette patience calme et courageuse qui fonde les empires : les esprits n'étaient point préparés à cette révolution. Les Russell, les Sidney, les Milton, etc., etc., etc., ne furent point compris, et bientôt Cromwell, sous le titre hypocrite de *protecteur*, devint le *tyran* de sa patrie.

En France, les philosophes et les moralistes de la fin du dernier siècle ont voulu anéantir en un jour une monarchie despotique de quatorze cents ans, pour établir sur ses ruines le gouvernement républicain. Un trop long espace les séparait de la masse du peuple, et ils ont succombé dans la lutte; mais, en succombant, ils ont brisé nos chaînes, et préparé, dans un avenir prochain, l'indépendance des nations. Imitons leur courage, proclamons leurs principes, mais ne partageons pas leur impatience. Rappelons-nous qu'avant de faire une révolution qui a pour but le bonheur d'une nation tout entière, il faut prendre au berceau la génération qui s'élève, et la préparer, par l'instruction et les lumières, à voir un jour au milieu d'elle le plus beau gouvernement du monde, celui de la nation par la nation. Si Charlemagne avait brusqué les idées, les préjugés, les passions et les habitudes des Français de son temps, il aurait manqué la belle œuvre qui honore sa mémoire. C'est par une progression presque insensible qu'il faut, en politique, s'avancer vers un but donné; agir autrement, c'est s'exposer à des réactions. César ne se serait pas rendu souverain dans Rome, s'il avait détruit le même jour toutes les institutions républicaines de son pays. On le vit, au contraire, conserver la forme des pouvoirs politiques, les usages et les coutumes. Rien ne paraissait changé; cependant le despotisme avait succédé à la liberté romaine. Napoléon n'a détruit la république en France qu'en suivant les leçons de César. C'est en conservant les chambres législatives, qui, plus tard, avec raison, furent appelées *les chambres des muets;*

c'est en conservant le plus possible les formes républicaines; c'est en donnant à son despotisme le nom même de république, qu'il parvint à réunir dans ses mains tous les pouvoirs de l'État. La monnaie de cette époque porte le cachet de sa politique. On y lit d'un côté : *République française,* et de l'autre : *Napoléon empereur.*

La raison et l'expérience sont d'accord pour nous engager à détruire les formes anciennes et despotiques, à mesure que l'instruction et les lumières permettront seulement de le faire. Imitons la nature, qui ne crée qu'avec lenteur, et nous approcherons davantage de la perfection que nous nous plaisons à admirer dans toutes ses œuvres.

La royauté constitutionnelle, ai-je dit, est un gouvernement qui ne durera qu'autant de temps qu'il faudra pour arriver sans secousse et sans violence au gouvernement le plus parfait, à la république. Toutes les prérogatives des rois constitutionnels doivent donc tomber tour à tour devant la volonté souveraine de la nation.

La première à combattre et à détruire est l'hérédité royale. Personne au monde, je pense, ne contestera sérieusement l'avantage de l'élection sur l'hérédité. L'élection aura toujours pour résultat de mettre à la tête de la nation un citoyen recommandable à tous égards, jouissant de la confiance et de l'estime publique. Son mérite au moins ne sera pas tout entier dans son acte de naissance.

Mais est-il possible à une nation d'élire pour roi celui qu'elle croit le plus digne de porter la couronne ?

Pourquoi toute une nation ne pourrait-elle élire son premier magistrat ? Les exemples ne nous manquent pas dans l'histoire.

Les Athéniens élisaient leurs archontes ; les Carthaginois leurs suffètes ; les Romains leurs consuls et leurs dictateurs.

Tarquin *le Superbe* est le seul roi de Rome qui soit monté sur le trône *sine jussu populi*, sans être élu par le peuple.

Les rois des Goths, en Espagne, recevaient leur couronne des mains du peuple, soit par lui-même, soit par ses délégués.

Charles-Gustave, roi de Suède, est monté sur le trône par le choix qu'en firent le tiers-état et la noblesse.

Les rois de Bohême et de Hongrie furent soumis à l'élection, jusqu'au moment où ces deux royaumes tombèrent sous la domination de l'Autriche.

Jusqu'à l'année 1660, les rois de Danemark étaient élus.

Le président des États-Unis n'est nommé que pour quatre ans, et tous les citoyens concourent à son élection.

Ces exemples et une foule d'autres que nous aurions pu citer nous prouvent qu'il n'est pas impossible d'élire pour roi, à la fin de chaque règne, celui qu'on croirait le plus digne de monter sur le trône.

L'hérédité abolie, la liste civile réduite à quelques centaines de mille francs, le droit de paix et de guerre rendu à la nation, l'unique intéressée, le principal soin du peuple est de bien limiter, de bien fixer les autres prérogatives royales, jusqu'au moment où la prudence et la sagesse lui feront un devoir d'anéantir tour à tour chacune d'elles.

Qui voudra, me dira peut-être quelqu'un, d'un trône réduit à de pareilles proportions? Qui en voudra? Ne craignez pas que des candidats nombreux ne se présentent pour occuper cette haute fonction; mais craignez le roi élu, quelque faible que soit son pouvoir. Regardez-le comme un mal nécessaire pendant quelque temps encore. Surveillez-le sans cesse; épiez ses démarches, saisissez ses pensées, ses projets. S'il sort d'une ligne des bornes qui ont été fixées à son pouvoir, qu'un ordre du peuple souverain l'y fasse rentrer aussitôt. Quelque peu importante que paraisse l'usurpation, ne négligeons jamais de la réprimer. Ne disons pas : « Ce n'est pas la peine de résister au roi pour si peu de chose, pour presque rien. »

Ces riens accumulés finissent par faire une masse de puissance contre laquelle, plus tard, il est difficile de résister. D'ailleurs, une usurpation, quelque légère qu'elle soit, en amène toujours d'autres. Un roi ambitieux (et

« l'ambition, dit Plutarque, est une maladie naturelle à la royauté ») est sans cesse porté à accroître sa puissance. Il faut donc, je le répète, entourer le roi de la surveillance la plus active et réprimer toute usurpation aussitôt que commise.

TROISIÈME SECTION.

GOUVERNEMENT RÉPUBLICAIN.

CHAP. 29. — *Objet du gouvernement républicain.*

Tous les hommes naissent avec un égal droit à la liberté, c'est-à-dire au plein et entier exercice de leurs facultés individuelles.

Les facultés individuelles sont ou physiques ou morales.

Les facultés physiques et morales sont naturellement inégales.

L'exercice plein et entier des facultés individuelles serait l'empire de la force et de l'intelligence sur la faiblesse et l'ignorance.

L'empire de la force et de l'intelligence est toujours précaire. Un accident imprévu, une maladie, le temps, peuvent anéantir mon intelligence. Fort aujourd'hui, demain je suis faible; faible aujourd'hui, demain je suis fort. Le déplacement de la force et de l'intelligence est continuel. Ainsi l'a voulu le créateur de toutes choses. L'enfant que nous voyons remuant à peine dans son berceau, pouvant à peine connaître sa mère et lui sourire, sera peut-être un jour le plus grand homme de son siècle. Revoyons-le quand il est devenu vieux et caduc. Plus de force en lui, plus d'intelligence. Son génie semble l'avoir quitté. Le souvenir de ce qu'il a été et de ce qu'il est jette le trouble dans notre âme et nous rappelle, malgré nous, combien est précaire l'empire de la force et de l'intelligence.

Puisque l'empire de la force et de l'intelligence n'a pas de durée constante, l'homme fort et l'homme faible, l'homme intelligent et l'homme ignorant sont donc intéressés à mettre en commun leurs facultés physiques et morales, afin d'assurer pour elles, également à chacun, la plus grande somme de bien-être possible. C'est là l'unique objet du gouvernement républicain.

La jouissance de tous les droits de l'homme compatibles avec l'état social, l'exécution de tous les devoirs, peuvent seuls procurer la plus grande somme de bien-être possible.

Or, la république est le gouvernement qui assure le mieux la jouissance des droits et l'exécution des devoirs.

La république est donc le plus parfait des gouvernements (1).

Chap. 30. — *Droits de l'homme dans la république.*

Garantie égale pour tous les droits naturels compatibles avec l'état social et surtout :

(1) « Un gouvernement où les lois seules commanderaient serait un royaume divin. » (Aristote.)

« L'expérience prouve que jamais les peuples n'ont accru et leur richesse et leur puissance que sous un gouvernement libre. Et vraiment peut-on voir sans admiration Athènes, délivrée de la tyrannie de Pisistrate, s'élever, dans l'espace de cent ans, à un si haut point de grandeur? Mais ce qui est plus merveilleux encore, c'est celle à laquelle s'éleva Rome, après l'expulsion de ses rois. Ces progrès sont faciles à expliquer : c'est le bien général et non l'intérêt particulier qui fait la puissance d'un État; et, sans contredit, *on n'a en vue le bien public que dans les républiques.* On ne s'y détermine à faire que ce qui tourne à l'avantage commun, et si, par hasard, on fait le malheur de quelques particuliers, tant de citoyens y trouvent de l'avantage, qu'ils sont toujours assurés de l'emporter sur ce petit nombre d'individus dont les intérêts sont blessés. Le contraire arrive sous le gouvernement d'un prince : le plus souvent, son intérêt particulier est en opposition avec celui de l'État. Aussi un peuple libre est-il asservi, le moindre mal qui puisse lui arriver sera d'être arrêté dans ses progrès et de ne plus accroître ni ses richesses ni sa puissance; mais le plus souvent il ne va plus qu'en déclinant. Si le hasard lui donne pour tyran un homme plein d'habileté et de courage, qui recule les bornes de son empire, ses conquêtes seront sans utilité pour la république, et ne seront profitables et utiles qu'à lui. Élèvera-t-il aux places des hommes de talent, lui qui les tyrannise et qui ne veut pas avoir à les craindre? Soumettra-t-il les pays voisins pour les rendre tributaires d'un État qu'il opprime? Rendre cet État puissant n'est pas ce qui lui convient; son intérêt est de tenir chacun de ses membres divisé, est que chaque province, chaque terre,

1° Des choses absolument nécessaires à la vie;

2° De la liberté et de la propriété individuelle;

3° De l'égalité des droits civils et politiques;

4° De la propriété des meubles et immeubles de chacun;

ne reconnaisse que lui pour maître. Ainsi la patrie ne tire aucun avantage de ses conquêtes; elles ne profitent qu'à lui seul. Il n'est donc pas étonnant que les anciens peuples aient poursuivi les tyrans avec tant de fureur, qu'ils aient été épris de la liberté, et que son nom ait été fort en vénération parmi eux. » (Machiavel, ch. II du IIe livre de son Discours sur Tite-Live.)

« Les républiques sont le sanctuaire de l'honneur et de la vertu. » (Montesquieu, *Lettres persanes*, 89e.)

« Le meilleur gouvernement semble être celui où toutes les conditions sont également protégées par les lois. » (Voltaire.)

« Le gouvernement le plus tolérable de tous est sans doute le républicain, parce que c'est celui qui approche le plus les hommes de l'égalité naturelle. » (Voltaire.)

« Une société de dieux voudrait se gouverner démocratiquement. » (J.-J. Rousseau.)

« Une république libre est le meilleur des gouvernements et le plus grand des biens auxquels les mortels puissent aspirer. » (John Adams.)

« Le gouvernement démocratique est le plus conforme à la nature et à la raison de l'espèce humaine. » (Marchamont Nedham.)

« Le gouvernement républicain est plus parfait et plus approprié à la nature de l'homme que le gouvernement monarchique. » (Milton, *Défense du peuple anglais*.)

« Le gouvernement républicain est le meilleur. » (Josèphe, IVe livre des *Antiquités judaïques*.)

« Le meilleur régime social est, à mon avis, celui où non pas un, non pas quelques-uns seulement, mais où tous jouissent tranquillement de la plus grande latitude de liberté possible. » (Assemblée nationale, juillet 1791. Sieyès.)

5° De la liberté commerciale et industrielle;

6° De la liberté de penser, de parler, d'écrire et d'imprimer;

7° De la liberté de religion;

8° De la liberté d'instruction;

9° Du droit d'insurrection.

CHAP. 31. — *Devoirs de l'homme dans la république.*

Les devoirs de l'homme dans la république sont:

1° L'obéissance aux lois consenties par la majorité des citoyens de la nation;

2° La fraternité;

3° L'amour de la patrie.

CHAP. 32. — *Examen des droits et des devoirs de l'homme.*

Dans la monarchie absolue, tous les droits de l'homme compatibles avec l'état social, tous les devoirs sont méconnus ou anéantis. Nous l'avons démontré dans la première partie de cet ouvrage.

La monarchie constitutionnelle laisse à l'homme quelques-uns de ses droits; mais ils sont aussi restreints que précaires. Nous l'avons démontré dans la seconde partie.

La république, au contraire, assure et garantit à chaque citoyen tous les droits de l'homme compatibles avec l'état social. Ce sera l'objet de la troisième et dernière partie.

Chap. 33. — *Droit de subsistance.*

Le droit de subsistance, c'est-à-dire le droit de conserver notre vie par des aliments, par des vêtements, par des abris contre l'intempérie des saisons, est le plus sacré de tous (1). Ce droit, nous l'avons toujours, depuis le premier moment de notre existence jusqu'à notre dernière heure. Rien sur la terre ne peut le compenser; il est donc inaliénable. L'aliéner serait faire un acte de démence. Or, un acte fait dans un moment de démence n'est pas obligatoire et ne transmet aucun droit.

Dans les monarchies, le pauvre invalide est regardé comme une superfétation inutile, comme une plante parasite qu'il faut, sans pitié, retrancher du corps social. Un sujet est-il dans l'impossibilité de travailler, est-il sans famille, sans amis (et les pauvres n'en comptent guère), on ne lui accorde aucun secours; on lui défend même d'implorer la charité publique, et cependant il a faim. Que fera-t-il? Ou bien, plus malheureux que nos animaux domestiques, il mourra d'inanition sur un peu de paille; ou bien il mendiera, et on l'enverra expier *son crime* dans une prison; ou bien encore il se fera voleur

(1) « Le premier et le plus grand de nos besoins, c'est la nourriture d'où dépend la conservation de notre bien-être; le second besoin est celui du logement; le troisième, celui du vêtement. » (*République* de Platon.)

ou assassin pour vivre. Le bagne et l'échafaud se trouvent au bout de cette carrière.

Dans la république, tout citoyen qui se trouve dans l'impossibilité physique ou morale de subvenir à son existence, reçoit les secours dont il a besoin. Le gouvernement qui représente la nation lui procure toutes les nécessités de la vie. Si la société ne lui accordait pas sa nourriture, son vêtement, son logement, elle romprait la première les conditions de l'association humaine. Dès lors ce citoyen serait dégagé de tous liens vis-à-vis d'elle; il rentrerait dans l'état de nature. Or, dans l'état de nature, l'homme a le droit de prendre partout et par tous les moyens sa nourriture, son vêtement, son logement.

CHAP. 34. — *Liberté individuelle.*

La liberté individuelle, dans l'état de nature, est pour chaque homme la libre disposition de sa personne et de ses actions, sans autres limites que celles de ses facultés.

La liberté individuelle, dans l'état social, est la libre disposition de sa personne et de ses actions, sans autres limites que celles fixées par les lois. Or, dans un gouvernement juste et légitime, les lois sont faites pour le peuple et par le peuple. Elles ne retranchent donc de nos libertés naturelles que la partie qui serait incompatible avec le bonheur de la nation et de chacun de ses membres. Dans la monarchie constitutionnelle, la liberté des citoyens dépend souvent du caprice d'un magistrat. En France, un juge d'instruction, un préfet, le ministère public et ses agents subalternes pouvaient sans jugement préalable lancer des mandats d'arrêt. Un citoyen passait quinze jours en prison, un mois et quelquefois davantage; puis on le relâchait en lui disant : « *On s'est trompé.* » C'est là l'unique dédommagement que la monarchie constitutionnelle accorde à ses victimes. En Angleterre, la loi d'*habeas corpus* protége mieux la liberté des personnes; cependant elle ne la maintient pas entière.

La république est le seul gouvernement qui la protége d'une manière constante et sûre. Aucun citoyen, à moins qu'il ne soit pris en flagrant délit de crime, ne peut y être arrêté sans une sentence préalable du jury. Les républicains sont les souverains maîtres de leur sort. Aussi ne donnent-ils à leur liberté naturelle que les limites nécessaires et indispensables. Ils se gardent bien surtout de l'aliéner entièrement au profit d'un seul, d'une famille ou d'une caste privilégiée. L'homme soumis à la domination d'un despote est mille fois plus malheureux que dans l'état de nature; car il a perdu, sans compensation, sa liberté primitive, cette liberté si chère à tous les êtres qui respirent. La recouvrer par tous les moyens qu'approuvent la raison et l'humanité, doit être son unique désir, son unique pensée. La divinité est pour lui; car elle nous a donné à tous la liberté avec la vie.

Les prêtres du despotisme nous disent : « L'homme est maître de lui-même, il peut donc s'aliéner, ou pour le moins donner aux rois un pouvoir arbitraire sur sa personne et ses biens. »

S'il est pour l'homme une propriété inaltérable, une propriété sans laquelle il ne saurait être heureux sur la terre, c'est celle de sa personne. Aliéner sa personne est donc renoncer au bonheur. Or, consentir à n'être pas heureux est un acte de folie; car jamais un homme jouissant de sa raison n'a pu consentir sciemment à accepter de pareilles conditions d'existence. Dans l'état de nature, au moins, nous pouvons nous défendre contre nos semblables, lorsqu'ils veulent nous ravir nos biens ou nous ôter la vie. Mais, après avoir donné sur nos personnes et nos propriétés un pouvoir arbitraire, que nous resterait-il à défendre? Rien. L'homme serait réduit à l'état le plus abject; il pourrait marcher l'égal de la bête de somme.

Le droit de s'assembler sans armes est une conséquence de la liberté individuelle. Les monarchies ont peur de voir les citoyens se rassembler pour s'entendre ensemble sur leurs intérêts moraux, politiques et matériels. On en voit facilement la raison; je n'ai pas besoin de la dire.

Le droit de choisir une autre patrie que celle que nous avons est encore un des avantages précieux du gouvernement républicain. Dans ce gouvernement, tout citoyen peut, quand il le veut, cesser de faire partie de la société.

S'il a formé avec elle quelque engagement particulier, il est obligé de le remplir avant de la quitter; s'il n'en a formé aucun, il peut la quitter quand il le veut; car il n'est ni sa propriété, ni son esclave. Il n'a fait partie de cette société que parce qu'il espérait y être heureux; s'il ne l'est pas, ou s'il croit l'être davantage sous un autre gouvernement, libre à lui de le préférer au sien.

La terre de la démocratie partage la liberté de ses habitants. Tout homme esclave qui a mis le pied sur le sol de la patrie est sous la sauvegarde des pouvoirs publics; il est libre à toujours.

Une convention par laquelle un citoyen s'engagerait vis-à-vis d'un autre citoyen à être emprisonné, s'il ne remplissait pas telle ou telle obligation, est entièrement nulle. La liberté personnelle ne peut être vendue, puisqu'elle n'a point sur la terre de dédommagement possible. Un créancier peut avoir un droit légitime à l'argent de son débiteur, à ses meubles, à ses biens, etc., etc..., mais à sa liberté, jamais!

Dans la république d'Athènes, il fut d'abord permis à tout créancier de vendre son débiteur lorsqu'il était insolvable; il fut même permis aux pères de vendre leurs enfants pour payer une dette. Solon mit fin à un usage aussi barbare (1).

(1) Plutarque, *Vie de Solon*.

Dans les premiers temps de la république romaine, les débiteurs insolvables pouvaient aussi être vendus. La loi qui autorisait cette infamie jeta souvent le trouble et la dissension dans Rome. C'est pour protester contre elle que le peuple finit par se retirer sur le mont Sacré. L'an 428 de Rome, les consuls furent obligés de l'anéantir entièrement.

Dans ces deux républiques, une très-faible partie de la nation jouissait seule de la liberté individuelle. L'esclavage le plus dur était la condition commune. L'homme vendait son semblable sur des marchés publics, comme nous vendons aujourd'hui nos animaux domestiques. Et savez-vous ce que devenait le vieil esclave qui, toute sa vie, avait travaillé à faire le bonheur des autres et pas le sien ? Ou bien on le reléguait dans une des îles du Tibre et il y mourait de faim, ou bien on l'égorgeait sur le tombeau du citoyen romain qu'il avait servi.

Un certain Vidius Pollion poussa la cruauté jusqu'à en faire tuer pour servir de nourriture à ses poissons (1).

Ce ne fut que sous le règne d'Adrien que les maîtres cessèrent d'avoir droit de vie et de mort sur les esclaves et que les prisons particulières furent abolies.

A l'époque où j'écris, l'esclavage est bien loin d'être détruit sur toutes les parties de la terre. Nous qui nous

(1) Pline, *Histoire naturelle*.

disons les enfants de 89 et les régénérateurs de la liberté humaine, nous avons encore des esclaves dans nos colonies!

Hâtons-nous d'abolir l'esclavage, proclamons la liberté individuelle et défendons-la de toutes nos forces; ce n'est qu'à ce prix que nous pourrons la conserver.

CHAP. 35. — *Égalité pour tous des droits civils et politiques.*

Dans la monarchie absolue, point de liberté civile, point de liberté politique, par conséquent point d'égalité de droits civils et politiques.

Dans la monarchie constitutionnelle, l'égalité des droits civils et politiques n'existe que pour une certaine classe de la société que favorisent la naissance ou la fortune. Les hommes qui vivent sous un roi constitutionnel doivent croire qu'ils sont régis par le meilleur des gouvernements. Ils doivent surtout bien se garder de dire qu'il en est un plus juste, plus légitime et plus parfait, s'ils ne veulent point aller bientôt apprendre à connaître l'excellence du gouvernement royal au fond d'une prison ou d'un cachot.

Les citoyens d'une république peuvent tous, sans distinction de naissance ou de fortune, concourir également à la confection des lois. Ils peuvent à leur gré modifier, réformer, changer leur constitution politique. Chacun d'eux peut dire ou écrire tout ce qu'il veut pour ou contre le gouvernement républicain, car l'égalité de droits civils et politiques y existe tout entière.

Chap. 36. — *Droit de propriété.*

L'établissement de la propriété a remplacé le droit de premier occupant et l'empire de la force, sous lequel il n'y avait pas pour l'homme de bonheur possible.

Propriété des terres.

La terre appartient à tous les hommes; mais, comme ses fruits spontanés ne peuvent pas les nourrir tous, la culture est devenue nécessaire. La culture à son tour a nécessité la propriété exclusive de la terre cultivée et de ses produits.

De la terre :

Parce que le cultivateur-propriétaire l'a rendue plus productive;

De ses produits :

Parce qu'ils sont le résultat immédiat et le prix de son travail, de ses avances et de ses soins.

Puisque la terre appartient à tous les hommes;

Puisqu'ils ne peuvent pas en jouir en commun, c'est un devoir sacré pour tout gouvernement (1) d'étendre le plus

(1) « Le meilleur gouvernement est celui où l'on ne voit point de citoyens rtop riches ou trop pauvres. » (Plutarque, *Banquet des sept Sages*.)

possible le nombre des propriétaires par le morcellement infini des propriétés territoriales.

La première mesure qu'il faut prendre pour arriver sans secousses violentes à rendre presque tous les citoyens propriétaires, c'est de mettre des bornes à la possession des propriétés territoriales. Cette mesure, au reste, ne serait pas nouvelle dans le monde, car nous savons tous qu'à Rome une loi sage, la loi Licinia, interdisait à un seul citoyen la possession de plus de cinq cents arpents de terre (1).

La seconde mesure à adopter est de frapper les successions collatérales d'un droit de mutation considérable.

La troisième est le partage égal des successions.

Déjà nous jouissons en France de l'égalité de partage. C'est un des nombreux bienfaits de la révolution de 1789. Les fortunes immobilières de cette époque ont disparu

(1) « Entre les excellentes lois qui avaient lieu jadis chez plusieurs peuples, nous remarquons surtout celles qui ne permettaient à personne de posséder au delà d'une certaine quantité de terre. » (*Politique* d'Aristote, liv. VI, ch. IV.)

« Tâchez de trouver quelque moyen pour empêcher qu'il ne se forme de ces fortunes immenses que redoute l'égalité républicaine et qui corrompent également leurs possesseurs et les pauvres qui les envient. » (Mably, *Gouvernement de Pologne*.)

« Des fortunes ni trop petites, ni trop grandes, n'inspirent ni l'esprit de tyrannie, ni l'esprit de servitude. Une loi qui rendrait inutiles de grandes richesses, empêcherait de les désirer et tempérerait toutes les passions. » (Mably, 12e vol.)

presque toutes. Onze millions de propriétaires fonciers les remplacent. Les parcelles du sol français étaient alors de cent millions à peu près; aujourd'hui elles s'élèvent à plus de cent soixante millions. En Angleterre, les propriétés territoriales sont encore entre les mains de la noblesse (1), et le peuple meurt de misère et de faim.

AVANTAGES DE L'ACCROISSEMENT CONTINUEL DU NOMBRE DES PROPRIÉTAIRES FONCIERS DANS UN ÉTAT.

Prévient la pauvreté et éteint la mendicité.

A mesure que le nombre des propriétaires fonciers diminue, la mendicité augmente. Augmenter le nombre des propriétaires, c'est donc prévenir la pauvreté, c'est éteindre la mendicité (2).

(1) Le duc de Northumberland a des revenus en biens-fonds........ 3,600,000 fr.
Le duc de Devonshire........ 2,880,000
Le duc de Rutland........ 2,520,000
Le duc de Bedfort........ 2,400,000
Le marquis de Buckingham........ 2,256,000
Le duc de Norfolk........ 2,112,000
Le duc de Marlborough........ 2,040,000
Le marquis d'Herford........ 1,800,000
Le marquis de Stafford........ 1,800,000
Le duc de Buccleugh........ 1,752,000
Le comte de Grosvenor........ 1,680,000

(2) « Je défie qu'il n'y ait plus de malheureux, si l'on ne fait en sorte que chacun ait des terres. Là où il y a de gros propriétaires, il n'y a que des pauvres. » (Saint-Just.)

Prévient une foule de crimes.

Il y a une foule de crimes qui ne sont que le résultat de la pauvreté et de la misère. Faire disparaître la pauvreté et la misère, c'est donc prévenir une foule de crimes.

Fait disparaître le luxe.

L'accroissement du nombre des propriétaires fonciers fera disparaître l'extrême pauvreté, par conséquent l'extrême richesse; avec l'extrême richesse, le luxe. Or, « moins il y a de luxe dans une république, plus elle est « parfaite. Il n'y en avait point chez les premiers Ro- « mains; il n'y en avait point chez les Lacédémoniens; et, « dans les républiques où l'égalité n'est pas tout à fait « perdue, l'esprit de commerce, de travail et de vertu, « fait que chacun y peut et chacun y veut vivre de son « propre bien, et que par conséquent il y a peu de « luxe (1). »

Augmente la force nationale.

Le nombre des défenseurs de la patrie croît en raison directe du nombre des propriétaires. Pourquoi ? C'est qu'il n'est point de patrie pour un malheureux qui n'a

(1) Montesquieu, *Esprit des lois*, liv. VII, ch. II.

pas de pain, pas d'habit, pas de maison, pas un coin de terre à cultiver (1). Lorsque tout lui manque pour vivre heureux, qu'aurait-il à défendre? La vie tout au plus; mais est-ce vivre que tendre soir et matin la main au riche pour avoir un morceau de pain? Est-ce vivre que d'être obligé de lui aliéner chaque jour son indépendance?

Lorsque la patrie est en danger, voulez-vous que des millions de défenseurs se lèvent et soient invincibles, rendons propriétaires fonciers tous les citoyens ou presque tous (2). « Celui, dit Bodin, à qui on ravit ses biens et sa liberté hasarde volontiers pour les recouvrer une vie qui lui devient à charge. »

(1) « Il n'y a point de patrie pour l'homme qui ne possède rien ou qui n'y jouit que d'une existence précaire : la patrie est indifférente pour ceux à qui elle ne se montre que comme une marâtre qu'elle ne protége point, qu'elle ne fait point subsister. » (*Éthocratie*, pag. 117 et 118.)

« Lorsque toutes les fortunes sont dans un petit nombre de mains, un grand nombre de citoyens sont indifférents à la chose publique et ne sont même pas citoyens. » (Cazalès, avril 1791, Assemblée nationale.)

(2) « C'est la propriété, c'est la possession des terres qui lie l'homme à son pays et l'attache à ses concitoyens. » (*Politique naturelle*, t. I, p. 135.)

« Le corps social a le plus grand intérêt à ce que le sol natal soit divisé en autant de mains qu'il est nécessaire pour que le nombre de ceux qui le possèdent et le cultivent soit suffisant pour le protéger et le défendre contre toute agression étrangère, pour maintenir enfin l'indé-

Augmente les produits de la culture.

Plus la terre est cultivée, plus elle produit. Or, nous savons tous que les petites propriétés sont toujours mieux cultivées que les grandes. Les produits de la terre sont donc en raison directe du nombre des propriétaires fonciers.

Accélère la marche de la civilisation.

L'accroissement du nombre des propriétaires fonciers, avons-nous dit, fera disparaître l'extrême misère. L'extrême misère est le plus grand ennemi de la civilisation. L'homme que la misère oblige de travailler toute l'année pour gagner sa nourriture et celle de sa famille n'a pas le temps de s'instruire, de connaître ses droits et ses de-

pendance nationale contre toutes les ligues que l'on pourrait vouloir former contre elle. » (Masuyer.)

« La propriété territoriale reste fixe et enchaîne son possesseur, dont l'attachement s'augmente par les travaux mêmes qu'il entreprend pour en augmenter la valeur. C'est à elle qu'il appartient de consacrer, par les affections personnelles, cet amour du sol natal que doivent faire naître l'habitude, l'orgueil du nom national et les traditions des familles et de l'histoire. » (Eusèbe Salverte, *De la Civilisation*, p. 135.)

« Xénophon nous apprend que, chez les Athéniens, les citoyens propriétaires de terrain étaient les meilleurs soldats, comme les plus intéressés à la conservation de leur pays. Chez les anciens Germains, on n'accordait qu'à des hommes libres l'honneur de commander pour la patrie ; les seuls possesseurs de la terre avaient le droit de la défendre. » (*Système social.*)

voirs. Aussi on peut affirmer avec certitude que plus il y a de propriétaires fonciers dans un État, plus il y a d'instruction.

Rend plus efficace l'égalité des droits.

Celui qui ne possède rien est nécessairement aux gages de celui qui possède. Vainement nos lois déclareront-elles tous les citoyens égaux en droits; l'extrême richesse aura toujours l'extrême pauvreté sous sa dépendance. Donnez aux pauvres des terres à cultiver, et vous en faites des hommes vraiment libres et égaux en droits. Ils n'ont plus besoin de vendre chaque jour leur liberté. La terre leur donne avec abondance ce que les riches ne leur accordaient qu'avec parcimonie et en jetant un regard de mépris sur ces hommes obligés, pour vivre, d'aliéner leur indépendance.

Dans la république, chaque citoyen a le droit exclusif de jouir tranquillement et de disposer à son gré des biens qui lui sont légitimement acquis par le travail, par l'industrie, par les achats, par les donations, par les successions, etc., etc., etc.

Le droit de propriété est un de ceux qui, de nos jours, sont le moins maltraités par les monarques constitutionnels. Pourquoi? C'est que la propriété des choses est pour les hommes un bien qu'on ne peut guère leur arracher sans amener une révolution dans l'État. Or, les rois constitutionnels sont essentiellement intéressés à les prévenir; car ils savent bien qu'un peuple qui défend ses droits d'un concert unanime ne respecte pas les trônes.

Contributions publiques.

Pour protéger nos propriétés, nos personnes, tous nos droits, une administration publique et une force publique sont nécessaires. Mais l'administration, il faut la payer; mais la force publique, il faut l'entretenir; des dépenses sont donc indispensables. Qui doit les faire, ces dépenses? Tous les citoyens sans exception. Mais chacun d'eux doit-il y concourir également? Non; car, s'ils sont égaux en droits, ils ne le sont pas en fortune. Or, les droits étant d'ailleurs égaux, plus un citoyen a de fortune, plus il est intéressé au maintien de la sûreté publique, de la protection commune. Chacun doit donc y concourir en proportion de l'intérêt plus ou moins grand qu'il peut avoir à la sûreté publique, à la protection commune.

Par qui doit être fixée cette proportion et la somme totale des contributions générales? Par tous les citoyens eux-mêmes ou par leurs représentants librement élus; car il n'y a de contribution légitime et obligatoire que celle établie pour le pays et par le pays. Toute autre est injuste et tyrannique.

Chap. 37. — *Liberté commerciale et industrielle.*

La liberté commerciale et industrielle est nécessaire à notre bien-être. Aussi, dans le gouvernement républicain, elle est respectée, protégée, maintenue. Chaque citoyen peut, en se conformant aux lois nationales, travailler, commercer, cultiver, fabriquer, échanger, vendre, acheter, etc., etc., etc.

La république est le gouvernement le mieux constitué pour le commerce. Dans l'antiquité, voyez Tyr et Carthage; dans les temps modernes, voyez les républiques de Venise, de Hollande et d'Angleterre. Quelle grandeur et quelle prospérité!

Dans les monarchies constitutionnelles, aucun commerce ne peut se faire sans payer des sommes énormes à titre de patente, à titre de contributions indirectes, et des commis peuvent entrer à chaque instant dans les établissements industriels et violer le domicile du commerçant sous prétexte de prévenir la fraude.

Chap. 38. — *Liberté de penser, de parler, d'écrire et d'imprimer.*

Art. 1er. *Liberté de penser.*

Vouloir arrêter et anéantir la pensée dans l'homme es une entreprise aussi injuste que chimérique. Elle est injuste, car personne au monde n'a le droit de la circonscrire et de lui donner les bornes qu'il lui plaît. Elle est chimérique, car toutes les forces humaines réunies ne sauraient l'arrêter. Elle prépare chaque jour dans le cœur de l'homme la ruine des oppresseurs et des tyrans de la terre. Elle échappe à leurs ordonnances, à leurs fers, à leurs cachots; elle fait leur désespoir.

La pensée de l'homme est libre (1), et, malgré l'acharnement continuel de ses nombreux ennemis, elle restera libre.

Art. 2. *Persécutions contre la presse.*

L'expression de la pensée, sous toutes ses formes, c'est-à-dire la liberté de parler, d'écrire et d'imprimer, est loin d'être aussi insaisissable que la liberté de la pensée. Aussi que d'ennemis n'a-t-elle pas eus! que de persécutions n'a-t-elle pas souffertes dans tous les temps et dans tous les lieux!

A peine Jean de Guttemberg eut-il donné naissance à l'imprimerie, que cette science, nouvelle dans le monde, eut des persécuteurs. Cinquante ans après, le pape Alexandre VI institue la censure des livres; il défend d'en publier sans l'approbation des évêques, et ordonne de

(1) La liberté de la presse est essentielle pour assurer la liberté d'un État; elle ne doit donc être gênée en aucune manière dans cette république. (Art. 16 de la déclaration des droits de Massachussets.)

saisir et de brûler tout ouvrage qui ne l'aurait point obtenue ou qui cesserait de l'avoir. Plus tard, des imprimeurs, des libraires, des auteurs, sont ruinés, tourmentés, proscrits, brûlés vifs, roués, pendus (1).

(1) En 1516, l'avocat Lebreton est condamné à mort et exécuté dans la cour du Palais de Paris pour avoir écrit quelques ouvrages. Son imprimeur et le prote sont fouettés et bannis.

Neuf ans après, Leclerc, prédicateur de la réforme à Metz, est brûlé vif; mais, avant de le faire monter sur le bûcher, le bourreau lui coupe le poing droit, lui arrache le nez et lui couronne la tête de cercles de fer rougis au feu.

Les moines Châtelain et Pauvant sont brûlés vifs quelques mois après.

Louis Berquin traduit les ouvrages d'Érasme et distribue en France quelques livres de Luther; il éprouve le même sort.

Élisabeth, reine d'Angleterre, fait couper la main droite au puritain Stuble pour avoir fait quelques allusions malignes sur son mariage projeté avec le duc d'Anjou. Sous son règne, un autre puritain, Penry, est condamné et exécuté pour avoir eu dans sa poche des papiers séditieux.

En 1573, Geffroy-Vallée est brûlé vif à Paris pour avoir publié un petit livre fort innocent, intitulé : ***Béatitude des chrétiens*** ou ***le Fléau de la foi.***

En 1718, Durand est condamné à la peine de mort pour avoir écrit sur les affaires du temps.

Le cardinal de Richelieu, pour obliger la presse à garder le silence sur son administration, fait rendre une loi qui punit *de mort* tous ceux qui écriront contre la religion ou sur les affaires publiques. Ce n'est qu'un siècle après qu'une ordonnance royale voulut bien réduire cette peine au carcan et aux galères.

En 1622, Alex. Leighton, pour avoir écrit quelques lignes sur les abus du pouvoir de Jacques Ier, est traduit devant la chambre étoilée et con-

La révolution de 1789 vint donner à la presse un grand essor; mais, pendant la terreur, l'empire et la restauration, elle reçut de fortes atteintes. Bien des victimes lui furent sacrifiées par les pouvoirs du jour.

La révolution de 1830 semblait devoir donner à la presse une nouvelle vie; mais les lois de 1835, appelées depuis *lois de septembre*, l'ont chargée de fers; la France, en chassant la dynastie de juillet, vient de les briser.

damné à une détention perpétuelle. On le fouette, on lui fend le nez, on lui coupe les oreilles, et l'une de ses joues est marquée d'un fer chaud.

Trois ans après, Charles Ier fait condamner, aussi par la chambre étoilée, Hinne à un supplice cruel pour avoir écrit contre la passion du théâtre.

En 1633, Galilée, pour avoir établi et démontré dans ses dialogues l'immobilité du soleil et la rotation de la terre autour de cet astre, est condamné par sept cardinaux à être emprisonné pendant trois ans et à réciter pendant le même espace de temps, une fois chaque semaine, les sept psaumes de la pénitence.

En 1683, Charles II fait décapiter, à l'âge de soixante-six ans, l'immortel Sidney, parce qu'on a trouvé chez lui un manuscrit sur le gouvernement des peuples.

L'abbé de Saint-Pierre a *l'insolence* de critiquer tant soit peu le pouvoir despotique de Louis XIV, et il est chassé du sein de l'Académie.

Un édit de 1757, rapporté par Myard de Vouglans (*Des Lois criminelles de France*), punit de mort tous les auteurs, imprimeurs et colporteurs de livres tendant à attaquer la religion, *à émouvoir les esprits*, à porter atteinte à l'autorité du roi et à troubler la tranquillité de l'État.

Art. 3. — *Impossibilité de détruire entièrement la liberté de la presse.*

Les entraves mises à la liberté de la presse peuvent bien retarder, mais non empêcher la conquête des libertés humaines. Déjà, comme je l'écrivais tout à l'heure, bien des auteurs, des imprimeurs, des libraires ont été ruinés, emprisonnés et conduits à l'échafaud; cependant les tyrans de l'humanité, quels que soient leurs noms, sont-ils parvenus à éteindre les lumières, à empêcher les progrès de la raison, l'essor de la pensée? Non assurément, puisqu'ils y travaillent encore. Qu'ils sachent donc une bonne fois que la persécution fait des prosélytes et des défenseurs et que le règne de la force n'a pas de lendemain;

Qu'ils sachent que « le mérite opprimé en acquiert plus de prix et que les rois et tous ceux qui ont employé de pareilles persécutions n'ont fait que préparer la gloire des auteurs et leur propre honte (1). »

Les empereurs romains ont voulu par la force, la violence et les plus atroces persécutions, restaurer le paganisme. Plus ils ont persécuté, plus ils ont fait d'adhérents à la religion nouvelle.

(1) « Punitis ingeniis, gliscit auctoritas, neque aliud externi reges, aut qui eàdem sævitià usi sunt, nisi dedecus sibi atque illis gloriam peperêre. » (Art. 35 du liv. IV des *Annales* de Tacite.)

La reine Marie a cherché à rétablir l'ancien culte en Angleterre, et, pour arriver au succès qu'elle attendait, elle n'eut point recours à la persuasion, au temps et à la patience, les seules armes en matière d'opinion, mais à la force, et elle a vu échouer tous ses projets.

« Brûlez un bon livre, a dit Daunou, et de ses cendres sortira une bibliothèque. »

Cette pensée est très-vraie et n'est cependant pas encore comprise par les gouvernements de nos jours.

Il est impossible, quoi qu'on fasse, d'arrêter entièrement la liberté de la presse. Défendez de parler de certaine affaire publique, et tout le monde en parlera; défendez d'écrire, et tout le monde écrira, imprimera, distribuera. La peine de mort, portée autrefois en France contre les auteurs, les imprimeurs, les libraires, etc., etc., a-t-elle prévenu la circulation, d'un bout du royaume à l'autre, d'une foule d'ouvrages hostiles à la monarchie absolue. Les livres que les presses françaises refusaient de mettre au jour, les presses de l'étranger, celles d'Amsterdam, de Bruxelles, de la Haye, de Genève, de Londres, etc., les reproduisaient par millions.

Louis XIV, avec tout son pouvoir, a-t-il pu empêcher d'imprimer les *Soupirs de la France esclave* (1), ouvrage

(1) J'engage les patriotes à se procurer cet ouvrage, il est fort rare et intitulé ainsi : *Soupirs de la France esclave qui aspire après la liberté*.

dans lequel l'auteur fait une peinture si vive de la puissance tyrannique de ce prince?

La *Gazette ecclésiastique* paraît pendant soixante ans avec la plus grande exactitude, et les recherches les plus actives des lieutenants de la police ne peuvent arrêter sa publication.

Je le répète : il est impossible de réprimer entièrement la liberté de la presse. Mais pourquoi la réprimer? Pourquoi a-t-elle tant d'ennemis et quels sont-ils?

Art. 4. — *Quels sont les ennemis de la presse?*

Parmi les ennemis de la presse, je vois en première ligne les rois absolus, qui ont tout à craindre d'elle (1), puisqu'à chaque instant elle peut rappeler au peuple quels sont ses droits et ses devoirs. Or, un peuple qui

(1) « Le premier usage que le pouvoir arbitraire, despotique et absolu, fait de l'autorité qu'il a envahie est d'interdire toute discussion libre et franche. Il est si facile et si commode d'imposer silence lorsqu'on a tort et qu'on a de l'autorité en main! Il est si aisé de traiter de factieux celui qui proclame des vérités utiles! » (*Monarchie des Solipses*.)

« Les tyrans voulurent toujours exercer leur tyrannie, même sur la pensée; ceux qui ne pensèrent pas comme eux leur parurent des rebelles indignes de vivre. Par cette politique insensée, et par une lâche complaisance pour les ministres des dieux, les princes é.rantèrent souvent leurs États, ils firent à eux-mêmes des plaies incurables.... Toute liberté de penser fait horreur au despotisme qui l'étouffe avec fureur : des hommes destinés au malheur ne sont faits ni pour connaître, ni pour chercher la vérité. » (D'Holbach, *Polit. nat.*, t. II, p. 30.)

connaît ses droits et ses devoirs brise les trônes, les sceptres et les couronnes, aussitôt que son intérêt l'exige.

Un gouvernement légitime (et il n'y a de légitime que celui qui émane de la volonté nationale librement exprimée) n'a pas peur de la presse. Il s'en sert, au contraire, pour former l'opinion publique, pour la diriger, pour faire réussir ses projets de réforme. Il engage tous les citoyens à émettre leur opinion particulière sur les affaires publiques. Il profite des lumières de tous et méprise les clameurs, les sottises et les railleries des brouillons et des mauvais citoyens.

Un gouvernement qui défend de discuter l'origine et les conditions de son existence, les droits et les intérêts du peuple, avoue qu'il pèche par sa base.

Pourquoi les décemvirs à Rome ont-ils établi des peines sévères contre la liberté d'écrire? C'est que, dit Montesquieu (1), «des gens qui voulaient renverser la liberté craignaient des écrits qui pouvaient rappeler l'amour de la liberté.»

Quels sont encore les ennemis de la presse?

Ce sont les administrateurs ignorants et incapables, les intrigants, les ambitieux, les hypocrites, les imposteurs, les fripons, les concussionnaires, les traîtres, les magistrats vendus, tous ceux enfin qui, dans leur vie, ont déserté le sentier de la vertu et de l'honneur.

(1) *Esprit des lois*, l. VI, ch. xv.

Sans doute, il est bien malheureux pour tous les ennemis de la presse que la publicité vienne dévoiler leur conduite et les montrer tels qu'ils sont. Mais il est du plus haut intérêt pour une nation de connaître tous les crimes, toutes les turpitudes, sans distinction de nom, de naissance ou de fortune. C'est une garantie pour les bons citoyens. Celui donc qui attaque la liberté de la presse n'agit ainsi que parce qu'il redoute la publicité de ses actions. L'honnête homme n'attaque point la presse, il ne la craint pas; il ne craint peut-être qu'une chose, et cette crainte est bien pardonnable : c'est que la presse garde toujours le silence sur sa conduite et ne lui accorde pas les éloges qu'il mérite.

Art. 5. — *Bienfaits de la presse.*

La presse, malgré ses nombreux ennemis et son existence peu ancienne, a déjà rendu de bien grands services à l'homme. Tous les ouvrages de l'antiquité ont été reproduits par millions et répandus sur toute la surface de la terre. Que de sources abondantes pour nous et pour les siècles à venir! Tous les arts, toutes les sciences, les principes éternels de justice, d'équité, de liberté, d'égalité de droits, ont fait des progrès immenses.

Boissy d'Anglas disait que la presse était un sixième sens donné à l'homme, tant elle lui est utile et nécessaire. En effet, elle seule nomme tout haut les corrupteurs et les corrompus. Elle nomme le lâche qui s'est vendu ou qui a vendu ses frères politiques: le fourbe qui ne sert la cause du peuple que par ambition personnelle: elle les couvre d'opprobre.

Elle épie, découvre et publie tous les mouvements de la plus secrète, de la plus tortueuse intrigue politique.

Elle dévoile l'hypocrite qui se cache et se déguise et l'homme immoral qui se couvre du manteau de la vertu; mais aussi elle désigne à tous l'homme vertueux, le patriote intègre, le véritable ami du progrès et de la réforme.

Elle dénonce aux générations présentes et futures les abus d'autorité des gouvernants, leurs fautes, leurs erreurs, leur incapacité, leur mauvaise gestion, leurs vices et leur orgueil, leurs vexations, leurs injustices, leurs projets liberticides, leurs turpitudes, leurs crimes ensevelis dans l'ombre.

Elle dénonce les faits immoraux que la loi ne punit pas. « Il y a, dit Châteaubriand (1), des choses honteuses qu'on se permettrait avec le silence des journaux et qu'on n'oserait hasarder sous la surveillance de la presse. Les grands scandales, les grands forfaits, dont notre histoire est remplie dans les plus hauts rangs de la société, seraient aujourd'hui impossibles avec la liberté de la presse. N'est-ce donc rien qu'une liberté qui peut prévenir l'ac-

(1) Discours sur la liberté de la presse.

complissement d'un crime ou qui force les chefs des empires à joindre la décence à leurs autres vertus? »

Souvent aussi la presse fait échouer les conspirations tramées contre les libertés nationales. Les conspirateurs ont besoin de journaux pour préparer l'opinion publique, et presque toujours ils y laissent échapper leur secret. Quelques mots imprudents, quelques paroles indiscrètes suffisent à la presse libre pour déjouer les projets des conspirateurs. Le public est instruit; toutes les mesures de précaution sont prises par les patriotes, et les ennemis de la liberté ne recueillent que la honte et le mépris.

La presse dissipe les erreurs, les préjugés, et perfectionne la raison humaine en répandant l'instruction et les lumières sur toutes les parties du globe. Par elle, les mœurs s'adoucissent et deviennent plus pures (1), les guerres sont moins sanglantes et moins barbares.

Par la presse, les distances sont comblées; les nations établissent entre elles des rapports continuels et ne forment plus qu'une seule famille humaine.

Avec son secours, aucune découverte ne peut plus être perdue, aucune science ne peut plus rester dans l'enfance, toutes sont pour toujours à l'abri des ravages du temps et des persécutions. Elles ne peuvent que s'étendre.

(1) « Jetez les yeux sur l'Europe, vous reconnaîtrez que la corruption des mœurs est précisément en raison du plus ou moins d'entraves que les gouvernements mettent à l'expression de la pensée. » (Châteaubriand, Discours sur la police de la presse.)

Elle protége le faible contre les attaques injustes de l'homme puissant.

Elle est l'écho des plaintes du malheureux et l'asile de l'innocence.

Sentinelle active et vigilante, elle défend les droits de l'homme et tient continuellement, par ses journaux, les esprits en éveil; elle les met en garde contre les mille séductions d'un pouvoir lâche, ambitieux et hypocrite. Elle a pour but l'égalité de droits, la liberté et la fraternité. Depuis un demi-siècle, elle réclame avec énergie toutes les réformes qui doivent amener le gouvernement républicain et rendre l'humanité plus heureuse. Ces réformes, elle les obtiendra; car, comme l'a dit Pastoret, « la presse ronge insensiblement les fers des esclaves et les couronnes des tyrans. »

Art. 5. — *Nécessité de donner certaines limites à la liberté de la presse.*

Que nous serions heureux si la liberté de la presse pouvait toujours être illimitée et n'avait pas besoin d'être réprimée dans certaines circonstances ! Mais de mauvais citoyens peuvent s'en servir pour satisfaire leurs passions personnelles, leur haine, leur vengeance; et le motif qui nous a portés à réunir nos volontés, nos facultés et nos propriétés individuelles, pour les placer sous la protection d'une force commune, nous fait un devoir, dans certains cas, de limiter la liberté de la presse.

Quelles sont les seules limites que la justice et la raison doivent y mettre et y mettront un jour? C'est ce que nous allons examiner.

La liberté de la pensée, de la parole, de l'écriture, de la presse, s'applique aux choses et aux personnes.

D'abord, doit-elle être limitée ou illimitée relativement aux choses, c'est-à-dire relativement à la morale, à la religion, aux lois, à la politique, à nos intérêts matériels, etc., etc.?

Art. 6. — *Liberté illimitée de la presse relativement aux choses.*

La liberté de parler, d'écrire et d'imprimer sur les choses, doit être et sera illimitée (1). Pourquoi? « C'est que,

(1) « Dans un pays qui est ou qui aspire à être libre, chaque citoyen a ou doit avoir le droit de publier ses pensées sur des matières d'intérêt général. Il est même des occasions où ce droit devient un devoir, soit pour ceux qui sont appelés par leurs talents ou par leur caractère à influer sur l'opinion ou à ouvrir les yeux de leurs concitoyens, soit pour ceux qui, sans prétendre à ces hautes prérogatives, ne craignent pas de parler, tandis que d'autres, qui en seraient plus capables, se taisent pour des motifs de parti ou de prudence. » (Xavier de Sade.)

« Ce n'est pas en vertu d'une loi que les citoyens pensent, parlent, écrivent et publient leurs pensées : c'est en vertu de leurs droits naturels, droits que les hommes ont apportés dans l'association. » (Sieyès, Assemblée nationale, 1790, 20 janvier.)

dit Montesquieu (1), pour jouir de la liberté, il faut que chacun puisse dire ce qu'il pense, et pour la conserver, il faut encore que chacun puisse dire ce qu'il pense. » C'est que la vérité n'a pas un caractère particulier et distinctif auquel il soit facile et même possible à tout homme de la reconnaître d'une manière certaine. C'est du choc des discussions et des idées vraies ou fausses que naissent les lumières et la vérité. C'est par le mélange continuel de nos pensées et de nos opinions, dont la diversité est immense comme celle des caractères, que nous pouvons distinguer le bien et le mal, la vérité et le mensonge, la raison et la folie. Si Dieu avait donné à sa créature le code de la raison humaine, il faudrait circonscrire la presse sur les choses. Il faudrait l'arrêter si elle prêchait des principes opposés, puisqu'ils ne pourraient faire que le malheur des habitants de la terre. Mais il n'en est pas ainsi. Ce n'est, comme je viens de le dire, que par le choc et le combat des pensées et des opinions que la raison humaine se perfectionne tous les jours. Tant qu'elle n'aura pas atteint le dernier degré de perfection (et qui oserait fixer des bornes à la perfectibilité humaine ?), il sera permis à l'homme de penser, de dire, d'écrire et d'imprimer tout ce qu'il lui plaira sur les choses.

Mais ne serait-il pas cependant utile de donner des fers

(1) *Esprit des lois*, liv. XIX, ch. XXVII.

à la presse qui répand l'immoralité dans les masses, ennoblit le crime et se rit de la vertu?

S'il était possible de fixer pour toujours une ligne infranchissable de démarcation entre ce qui serait utile ou nuisible à la société, je serais le premier à dire : « Il faut mettre des bornes à la liberté de la presse relativement aux choses. » Mais fixer cette ligne de démarcation avec certitude, avec précision, n'est pas possible. En faisant une loi sur cette matière, nous ne pouvons établir que des principes généraux ; et, comme nos gouvernants ou nos magistrats seraient chargés de les appliquer ou de les faire appliquer, ils le seraient presque toujours dans leur intérêt personnel, dans l'intérêt de leur position, de leur corps. Bientôt, par un envahissement continuel d'attributions, tout ce qui sera dit, écrit ou imprimé sur les choses, tombera sous le coup de cette loi. Ce sera de l'arbitraire, du despotisme. Bien des lois surprises aux amis de l'humanité ont ainsi servi de marche-pied à un pouvoir ombrageux et tyrannique. Prévenons un pareil malheur. Gardons-nous bien de porter aucune loi pénale contre tout ce qui sera dit, écrit ou imprimé sur les choses. Un vol, un meurtre, etc., etc., sont des faits matériels faciles à constater, des crimes punis sur toute la terre. Mais comment s'assurer qu'un écrit sur la morale, sur la politique, sur la législation, a le caractère prévu par la loi pénale? Soumettez un écrit de cette sorte à des hommes libres et dégagés de toute influence extérieure, chacun d'eux, s'il avoue sincèrement l'impression produite sur son esprit, en aura une opinion différente. L'un dira : « Telle phrase est trop véhémente, trop violente, » et il condamnera.

Un autre dira, au contraire, qu'il n'aperçoit aucune phrase trop véhémente, trop violente, mais que la pensée-mère de tout l'écrit est coupable, et il frappera.

Un troisième ne verra rien, ni dans le fond, ni dans la forme, qui puisse tomber sous le coup de la loi, et il absoudra.

Un quatrième, à l'âme froide et glacée, trouvera que l'ouvrage est incendiaire, qu'il prêche la révolte contre les pouvoirs constitués, et il condamnera. Il ferait volontiers trois juges à lui seul et regrettera de n'avoir qu'une boule noire à jeter dans la balance de la justice.

Son voisin, à l'âme libre, fière et généreuse, sera saisi d'étonnement lorsqu'il verra ce dernier s'acharner à ce point sur un ouvrage que la postérité va s'empresser de recueillir, et il absoudra.

Les autres auront des opinions différentes encore.

Je le répète, il est impossible de préciser et de caractériser d'une manière certaine la culpabilité d'un mot, d'un écrit sur les choses. Tenter une pareille entreprise, c'est ouvrir la porte à l'injustice et à l'arbitraire; c'est vouloir de gaieté de cœur anéantir l'une des plus précieuses de nos libertés. Si des bornes sont mises à la liberté de dire, d'écrire et d'imprimer sur les choses, qui aura le courage de mettre au jour des ouvrages sur la morale, sur la religion, sur la politique, sur les arts, sur les sciences, etc., etc.? Presque personne. Car, sacrifier à la liberté de la presse son repos, ses biens, sa liberté individuelle, sa vie, sont des vertus trop rares. Le savant qui devance son siècle et révèle au monde de nouvelles découvertes, le philosophe et le publiciste qui nous montrent un meilleur avenir et nous conduisent à sa conquête, briseront leurs plumes et maudiront la perversité de l'homme. Que de talents perdus! que de vérités étouffées à leur naissance! quelle ignorance et quel abrutissement dans les masses!

La justice est indépendante des temps et des lieux. Elle peut appeler *crime* la distribution d'un ouvrage qui aujourd'hui vaudrait des couronnes à son auteur et demain le conduirait à l'échafaud. Qui eût osé, il y a cent ans, proposer *seulement à l'étude* nos lois actuelles, aurait été bien certainement fouetté et pendu. Mais alors les rois avaient encore la prérogative du crime sans aucune espèce de contrôle.

Avec la liberté de dire, d'écrire et d'imprimer sur les choses, assurément nous verrons sortir de nos presses des ouvrages immoraux et serviles. Personne ne le conteste. Mais, le bon La Fontaine nous l'a dit, « entre deux maux, il faut choisir le moindre. » L'opinion publique, dirigée par les amis de la liberté, par les patriotes, fera bientôt justice de pareilles créations. Le mépris et la honte seront les récompenses des auteurs. C'est par la presse libre qu'il faut combattre la presse esclave, la presse immorale. « La presse est la lance d'Achille, dit Camille Desmoulins, elle guérit les blessures qu'elle a faites. » Laissez donc la presse libre sur les choses. Elle sera plus puissante pour la répression de l'immoralité et de la bassesse que toutes les lois, que tous les tribunaux du monde.

Des bornes mises à la liberté de la presse sur les choses ne pourraient qu'être favorables aux ennemis de nos libertés, aux fauteurs de la tyrannie, aux prêtres de la superstition et du mensonge. Elles seraient, pour des gouvernants coupables, une arme terrible dont ils ne manqueraient pas de se servir contre tous ceux qui auraient le courage de dévoiler leurs projets liberticides. L'écrivain ferme et consciencieux serait dénoncé et puni avec la plus grande rigueur. On ne verrait plus en lui qu'un brouillon, qu'un séditieux, qu'un anarchiste, qu'un pervers, qu'un perturbateur de l'ordre public, qu'un ennemi de la liberté de son pays. L'écrivain, au contraire, qui voilerait leur marche ambitieuse, qui encouragerait l'envahissement continuel des pouvoirs de l'État, qui, chaque jour, ferait leur éloge et prêcherait des doctrines propres à maintenir l'ignorance et les préjugés de la nation, serait flatté, caressé, soudoyé même.

Tous ceux qui vivent des abus du gouvernement existant sont les ennemis de la presse. Gardez-vous bien, nous disent-ils tous les jours, de laisser à la presse une liberté illimitée relativement aux choses, car le gouvernement sera bientôt renversé. Il est facile de leur répondre par un dilemme inattaquable.

Ou bien le gouvernement existant rend le peuple heureux, ou bien il le rend malheureux.

S'il est heureux, le danger n'est pas si près que vous le dites. Toutes les presses du monde ne pourraient le déterminer à se révolter contre son gouvernement. Tout un peuple n'est pas volontairement l'ennemi de son bonheur.

S'il est malheureux, il a le droit de faire tous ses efforts pour changer sa destinée. Car, être heureux est un droit que chacun de nous tient de la nature, et comme ce droit ne peut être compensé par aucun autre, nous l'avons toujours nonobstant toutes conventions contraires. Gouvernants, faites le bonheur du peuple, et vous ne craindrez pas que la presse vienne le révolutionner contre vous. La presse n'a jamais fait trembler le magistrat intègre, l'administrateur fidèle, le ministre vertueux et national.

Timoléon, après avoir rendu à la Sicile et surtout à

Syracuse la liberté qu'elle avait perdue sous la domination tyrannique de Denys et d'Icetas, est indignement calomnié par Laphutius. Les Syracusins veulent punir ce misérable. Timoléon s'y oppose et leur dit : « J'ai combattu une partie de ma vie pour la liberté de Syracuse. Ses citoyens, maintenant, ont le droit de tout dire. Loin de m'en plaindre, j'en rends grâces aux dieux. »

Théodose, Arcadius et Honorius écrivaient à Ruffin, préfet du prétoire : « Si quelqu'un parle mal de nous ou de notre gouvernement, nous ne voulons pas qu'il soit puni. S'il a parlé par légèreté, il faut le mépriser ; si c'est par folie, il faut le plaindre ; si c'est une injure, il faut la lui pardonner (1). »

Frédéric, remarquant un jour, dans les rues de Berlin, une grande affiche autour de laquelle une foule se pressait, demande ce qu'elle annonce. « Sire, lui répond un de ses pages, c'est un placard contre vous. — Page, baissez-le, lui dit tranquillement le monarque, il est trop haut. »

Mais, objectera-t-on encore, avec la liberté illimitée de dire, d'écrire et d'imprimer sur les choses, les lois votées par la nation entière pourront être critiquées et censurées par *un seul* citoyen ?

(1) « Si id ex levitate processerit, contemnendum est ; si ex insaniâ, miseratione dignissimum ; si ab injuriâ, remittendum. » (Lege unicâ Cod., *Si quis imperat maled...*)

Pourquoi donc *un seul* citoyen ne pourrait-il pas dire que telle loi est bonne, que telle autre est mauvaise? N'est-il pas membre du souverain ?

Un homme fameux dans la révolution de 1789 a dit : « Publier librement ses pensées sur les vices ou sur la bonté des lois est le droit de tout homme et l'intérêt de la société entière; c'est le plus digne et le plus salutaire usage que l'homme puisse faire de sa raison ; c'est le plus saint des devoirs que puisse remplir envers les hommes celui qui est doué de talents nécessaires pour les éclairer. Les lois, que sont-elles? L'expression libre de la volonté générale, plus ou moins conforme aux droits et à l'intérêt des nations, selon le degré de conformité qu'elles ont aux lois éternelles de la raison, de la justice et de la nature. Chaque citoyen a sa part et son intérêt dans cette volonté générale. Il peut donc, il doit même déployer tout ce qu'il a de lumières et d'énergie pour l'éclairer, pour la réformer, pour la perfectionner. Comme dans une société particulière, chaque associé a le droit d'engager ses co-associés à changer les conventions qu'ils ont faites et les spéculations qu'ils ont adoptées pour la prospérité de leurs entreprises ; ainsi, dans la grande société politique, chaque membre peut faire tout ce qui est en lui pour déterminer les autres membres de la cité à adopter les dispositions qui lui paraissent les plus conformes à l'avantage commun.

Grotius lui-même, ce partisan outré du pouvoir monarchique, professe les mêmes principes : « Tout ordre, dit-il, ou toute loi dont on défend l'examen et la critique ne peut jamais être qu'une loi injuste. »

Il est donc utile et nécessaire de laisser à tous la liberté illimitée de dire, d'écrire et d'imprimer sur les choses.

Cette liberté illimitée de dire, d'écrire et d'imprimer doit-elle exister aussi relativement aux personnes?

Il faut distinguer :

Les personnes se divisent en personnes publiques et en personnes privées.

Elle doit être et sera illimitée envers les personnes publiques; elle sera limitée relativement aux personnes privées. Nous allons dire pourquoi.

Art. 7. — *Liberté illimitée de la presse relativement aux personnes publiques.*

Rien ne fait si peur aux fripons, aux traîtres, aux conspirateurs, aux ambitieux, aux ennemis du peuple, que la liberté de la presse.

Est-ce une raison pour anéantir cette précieuse liberté? Tout au contraire, c'est un motif pour ne lui donner aucune entrave relativement aux personnes publiques. S'il n'est pas permis à chaque citoyen de dire, d'écrire et d'imprimer tout ce qui lui plaît sur les fonctionnaires publics, le champ est ouvert à toutes les intrigues, à toutes les prévarications, à tous les abus d'un pouvoir qui deviendrait envahisseur et despotique.

Les personnes publiques appartiennent à tous; tous ont le droit de les critiquer, de les censurer, de les dénoncer à l'opinion (1).

Mais leur conduite sera souvent en butte à la calomnie; que feront-ils s'ils sont désarmés contre elle? Ce qu'ils feront? S'ils craignent la calomnie, ils rentreront dans la vie privée, de laquelle ils n'auraient pas dû sortir, et alors la loi leur donnera le droit de faire punir sévèrement leurs calomniateurs.

Ou bien, à la calomnie ils opposeront une conduite sage et ferme, une conduite à l'abri de tout reproche.

L'intérêt public exige que chaque citoyen puisse les inculper sans redouter une condamnation judiciaire. Assurément, des écrivains de mauvaise foi abuseront de cette liberté illimitée de dire, d'écrire et d'imprimer sur les hommes publics, mais tous les intrigants et les fripons, mais les traîtres et les conspirateurs seront découverts, leur conduite sera divulguée, et nos institutions démocratiques défendues avec courage.

L'intérêt privé doit s'effacer devant l'intérêt public, et un bon administrateur, lorsqu'il sera calomnié, ne mau-

(1) « S'il est vrai que les autorités n'existent que pour le bien de tous, on conçoit que tous doivent avoir le droit de censurer ceux qui les gouvernent. » (Portalis, germinal an V.)

dira point la liberté de la presse. Aristide est frappé d'ostracisme, et jamais ce grand homme n'a reconnu autant l'utilité de cette loi que le jour où la jalousie ombrageuse des Athéniens l'a injustement chassé de sa patrie. Pourquoi? C'est qu'il aimait son pays plus que lui-même, c'est qu'il savait que la même loi qui le frappait y rendait impossible l'existence d'un ambitieux et d'un tyran.

S'il était défendu d'inculper sans preuve un fonctionnaire public, qu'arriverait-il? Catilina serait dans nos murs, et pas un mot n'aurait été écrit sur sa conspiration. En effet, quel citoyen aura le courage de dévoiler ses projets liberticides, s'il est obligé d'apporter toujours des preuves à l'appui de son accusation? Dans les conspirations, les preuves matérielles manquent presque toujours. Un concussionnaire n'annonce point ses vols; un conspirateur ne va pas afficher partout ses projets, il cache au contraire ses intrigues et ses menées ténébreuses. Ne serait-ce pas une pure dérision d'exiger qu'un écrivain apportât toujours la preuve de son accusation? Il y a un tribunal suprême qui jugera bientôt le fonctionnaire public attaqué et l'accusateur : c'est l'opinion publique. Elle rendra à chacun bonne et loyale justice.

Laisser dire, écrire et imprimer sur les personnes publiques, est donc une des lois fondamentales de la république (1).

(1) « Namque spreta exolescunt : si irascare, adgnita videntur. » Le

Art. 8. — *Liberté limitée de la presse relativement aux personnes privées, et répression de la calomnie.*

La liberté illimitée de dire, d'écrire et d'imprimer, n'existera pas relativement aux personnes privées. La vie privée est un sanctuaire dans lequel la société seule peut entrer; à elle seule appartient le droit de flétrir, par les lois établies, les délits et les crimes. Dans la république, tout citoyen qui a imputé à une personne privée un fait déshonorant, un délit ou un crime, et l'a fait mensongèrement, subit la peine que les lois existantes auraient infligée à celui qui était l'objet de cette calomnie. Et si les lois n'établissent aucune peine pour ce fait déshonorant, le jury, néanmoins, déclare l'auteur mauvais citoyen, le condamne à une amende assez forte au profit des pauvres invalides, et donne, aux frais du calomniateur, une grande publicité à ce jugement.

Dans tous les temps, des peines graves ont été établies contre la calomnie. A Athènes, l'accusateur qui n'avait pas pour lui la cinquième partie des suffrages payait une amende de mille drachmes : Eschine fut condamné à cette amende pour avoir calomnié Ctésiphon. Cependant la liberté de parler et d'écrire était très-étendue à Athènes. « Le peuple, dit l'un des martyrs de la liberté

mépris fait tomber la satire, le ressentiment l'accrédite. (*Annales* de Tacite, livre IV, art. 34.)

de la presse (1), y permettait de parler et d'écrire; on voit même, par ce qui nous reste de son théâtre, qu'il n'avait pas de plus grand divertissement que de voir jouer sur la scène ses généraux, ses ministres, ses philosophes, et, ce qui est bien plus fort, de s'y voir jouer lui-même. »

A Rome, la loi Remnia déclarait infâme le calomniateur et on lui imprimait la lettre k sur le front (2). Cependant la liberté de parler et d'écrire n'était pas moins étendue qu'à Athènes. « Rome, dit Pastoret, ne la perdit que sous le décemvirat d'Appius et sous l'empire des Césars. »

En Angleterre, une loi d'Alfred condamnait les calomniateurs à avoir la langue coupée. Edgar et Canut *le Grand* firent observer cette loi avec rigueur.

En France, le calomniateur est puni de peines correctionnelles (3).

Art. 9. — *Devoirs du publiciste.*

Sous le règne d'un despote, les persécutions, les cachots et la mort sont presque toujours les récompenses

(1) Camille Desmoulins, dans son *Vieux Cordelier*.

(2) Fronti littera k inurebatur et præterea infamia notabatur. (L. II. de his qui not. inf.)

(3) 373 C. pénal.

que doit attendre le publiciste. Du jour où il prend la plume pour défendre les droits de l'homme opprimé et pour combattre l'orgueil, l'hypocrisie, l'ambition, l'intrigue, l'immoralité, l'apostasie, la trahison, le vol, le crime, etc., etc., il doit s'attendre qu'il n'aura plus désormais de repos que dans la tombe. Est-ce une raison pour lui de reculer devant la haute mission que lui donnent ses talents? Non certes. Il n'y a que le lâche qui ne sache pas en toute occasion, au péril de sa tranquillité particulière, de ses biens, de sa vie, défendre les droits imprescriptibles de l'homme et protéger la faiblesse, l'innocence, la vertu, l'équité, la justice et la vérité. Il n'y a que le lâche qui tremble et n'ose démasquer les tyrans et les faire pâlir sur leurs trônes. L'écrivain courageux et à la conscience droite et pure défie du fond de son cabinet tous les oppresseurs du genre humain. Il se rit de leurs persécutions. Un pareil tableau ne peut effrayer qu'une âme commune; mais un citoyen qui aime avant tout son pays et l'humanité ne connaît qu'une règle de conduite, *faire son devoir et défendre les droits de l'homme, quoi qu'il arrive.* (*Propositâ invidiâ,* dit Cicéron, *morte, pœnâ, qui nihilo segnius rempublicam defendit, is vir verè putandus est*) (1).

Les tyrans pourront bien anéantir son existence physi-

(1) Cicéron *pro Milone.*

que, il ne faut pour cela qu'un homme qu'on appelle *bourreau;* mais ses doctrines, mais ses ouvrages, jamais! Ils échapperont à leur rage impuissante et la hache ne les frappera pas. Le feu sacré du patriotisme les rend impérissables. La presse libre et indépendante va les répandre sous toutes les formes, et l'homme victime de la cruauté et de la barbarie des oppresseurs de la terre apprendra à les maudire et préparera, avec prudence, la conquête de la liberté.

Art. 10. — *Avenir de la presse.*

La presse est encore de nos jours un privilége qui a survécu à la nuit du 4 août 1789. N'est pas imprimeur qui veut. il faut pour imprimer un brevet du gouvernement, et ce brevet, il peut nous l'ôter quand il le veut. Nous en avons eu un exemple au commencement de la révolution de 1830 dans l'imprimeur du journal *la Tribune.*

Le brevet nécessaire pour imprimer, le cautionnement, le timbre, les frais de poste et les lois de 1835 contre la liberté de la presse sont des entraves qui n'ont plus d'avenir. La souveraineté populaire en fera bientôt justice. Déjà le timbre est aboli par le gouvernement provisoire de la république et les lois de 1835 sont abrogées.

Dans les États-Unis, la presse est entièrement libre

L'Américain qui veut imprimer n'a pas besoin de patente, et les journaux ne sont pas assujettis comme chez nous au timbre et au cautionnement. Aussi, 1560 journaux et écrits périodiques sont répandus sur toutes les parties de de ce nouveau monde, qui ne contient guère que 12,000,000 d'hommes. Chez nous, nous comptons une population presque trois fois aussi forte, et nous n'y voyons pas plus de 700 journaux et ouvrages périodiques. Les Américains connaissent tout le prix de la liberté de la presse. Personne n'ignore que la taxe que voulut mettre le gouvernement anglais sur leurs journaux fut une des principales causes de la déclaration d'indépendance. Personne n'ignore non plus qu'après la victoire, un représentant américain ayant demandé, pour remédier à l'épuisement des finances, une augmentation de frais de poste sur les écrits périodiques, un cri général d'improbation partit des quatre coins du Nouveau Monde et s'opposa victorieusement à cette mesure. Les Américains comprirent parfaitement que frapper un impôt sur les journaux, c'était les rendre plus chers, et que les rendre plus chers, c'était en priver les citoyens peu fortunés. Or, comme dans une république tous les citoyens riches ou pauvres ont le droit de surveiller les fonctionnaires publics, c'était priver la moitié des citoyens de cette surveillance.

Lorsque toutes les nations seront débarrassées de leurs

oppresseurs et se gouverneront elles-mêmes, il n'y aura plus de brevet d'imprimeur, plus de cautionnement, plus de frais de poste, plus de timbre, etc. Sera imprimeur qui voudra. Chaque citoyen pourra dire, écrire et imprimer dans les limites que nous avons prescrites précédemment. Pour que la répression de la calomnie, relativement aux personnes privées, puisse avoir lieu, l'auteur et l'imprimeur seront toujours obligés, sous des peines graves, de mettre leur *véritable nom* à l'ouvrage et d'indiquer leur demeure. Personne ne doit avoir honte de ses œuvres. Ils seront obligés, sous les mêmes peines, d'en déposer un exemplaire aux archives du département où se fera l'impression. Ce dépôt aura deux objets : le premier, de faire connaître à tous, d'une manière certaine, l'auteur d'une calomnie contre une personne privée ; le second, d'assurer la propriété de l'ouvrage à l'auteur.

Lorsque la république aura remplacé les monarchies absolues et constitutionnelles, le ministère enverra gratuitement un journal hebdomadaire à chaque citoyen payant une contribution, quelque minime qu'elle soit. Chaque numéro de ce journal, l'œuvre du ministère, ne pourra paraître qu'après l'approbation écrite du président de l'assemblée des représentants de la nation.

Ce journal aura pour but de porter chaque citoyen à s'intéresser à la grande association dont il est membre, et de combattre les imputations mensongères qui auraient pu être faites contre les gouvernants; enfin, de former et de diriger l'opinion publique.

Art. 11. — *Conclusions.*

Le jour de l'émancipation des peuples approche : écrivains et patriotes, ne désespérons jamais. Écrivons, nous vaincrons. La presse est le Messie de la liberté humaine. « Elle changera la face du monde (1). »

Chap. 39. — *Liberté religieuse.*

Le cœur de l'homme est un sanctuaire inviolable; la pensée qui s'y forme est libre, aucune force ne saurait l'atteindre. Les gouvernements, institués pour harmoniser les actions des hommes et les rendre heureux, ne peuvent jamais avoir pour objet les pensées intimes, par conséquent les croyances religieuses.

Ils ne peuvent non plus avoir pour objet de donner à toute une nation une religion commune. La diversité des esprits est un obstacle naturel et insurmontable à la réalisation d'un pareil projet. Jamais tous les citoyens qui composent une même nation n'auront également les mêmes idées, les mêmes opinions, les mêmes dogmes. Pourquoi donc vouloir lutter contre la nature, puisqu'il

(1) Sieyès, Assemblée nationale, 20 janvier 1790.

n'est donné à personne d'altérer sa puissance et d'éluder ses lois éternelles?

La religion est un des moyens à l'aide desquels les despotes soutiennent leurs trônes. Celle qui prêche au peuple une obéissance passive est toujours protégée par eux; ils n'en veulent pas d'autre, et leur volonté, je l'ai déjà dit, c'est la loi.

La confiscation des biens, les prisons, les bûchers et les échafauds attendent ceux de leurs sujets qui auraient l'insolence d'avoir une autre religion que celle du prince. Notre histoire, celle de l'Angleterre, de l'Espagne, etc., depuis le commencement du XIIIe siècle jusqu'à la fin du XVIIe, sont remplies de monstruosités qu'on ne saurait se rappeler sans maudire l'intolérance des monarques de cette époque.

Dans la république, chaque citoyen professe librement la religion qu'il croit la plus digne et la meilleure. Personne n'y est contraint, ce qui est une véritable tyrannie, de solder les ministres d'un culte qu'il n'approuve pas, et d'employer le produit de son travail à propager des croyances souvent contraires à son bien-être et à celui de l'humanité.

De toutes les religions possibles, quelle est la meilleure? Il n'est pas bien difficile de résoudre cette question qui a fait répandre des flots de sang sur toute la surface de la terre.

Dieu est un être infiniment bon ; il ne peut vouloir que le bonheur de ses créatures. Faire à son semblable le plus de bien possible est donc la meilleure de toutes les religions.

Aimons notre patrie, nos concitoyens, notre famille; secourons-les, défendons-les de toutes nos forces. La religion qu'inspire l'amour de la patrie, de ses concitoyens et de sa famille, ne donne point de remords, n'est point intolérante, ne dresse point d'échafauds, et n'allume point de bûchers pour faire des prosélytes.

CHAP. 40. — *Droit d'instruction dans la république.*

Faire connaître à tous les citoyens sans distinction leurs droits et leurs devoirs, les initier dans les sciences et les arts utiles, profiter de leurs talents naturels ou acquis, et en provoquer dans l'intérêt de la nation et de l'humanité le développement le plus étendu, tel est le but véritable de l'instruction, tel est l'unique moyen d'accélérer les progrès de l'esprit humain.

Dans la république, des écoles gratuites sont ouvertes pour tous les citoyens sans distinction. Des professeurs, qui ne doivent leurs places honorables qu'à leur mérite personnel, enseignent les droits et les devoirs de l'homme, la constitution du pays (1), toutes les sciences, tous les

(1) « L'on faisait très-sagement lorsque, dans notre jeune âge, on nous

arts. Le gouvernement favorise les heureuses dispositions qu'il rencontre parmi les citoyens. Aucun talent n'est perdu pour l'État, pour l'humanité.

Chap. 41. — *Fonctions publiques dans le gouvernement républicain.*

Sous le gouvernement républicain, toutes les fonctions publiques sont électives (1). L'élection par les plus ca-

faisait apprendre les lois des Douze Tables par cœur, comme une chose nécessaire, pratique, que l'on néglige mal à propos aujourd'hui. » (*De la République*, liv. I, Cicéron.)

« Jamais un peuple ne jouira d'une liberté constante, assurée, si l'instruction dans les sciences politiques n'est pas générale, si elle n'y est pas indépendante de toutes les institutions sociales. » (Rapport de Condorcet, 21 avril 1792.)

(1) « Ce n'est pas sans raison qu'on dit que la voix du peuple est la voix de Dieu. On voit l'opinion publique pronostiquer les événements d'une manière si merveilleuse, qu'on dirait que le peuple est doué de la faculté occulte de prévoir et les biens et les maux. Quant à la manière de juger, on le voit *bien rarement se tromper;* quand il entend deux orateurs à talents égaux lui proposer deux partis opposés, il prouve, en se décidant pour le meilleur, qu'il est capable de discerner la vérité. S'il est entraîné quelquefois par des opinions brillantes sans avoir de l'utilité autre chose que l'apparence, certes un prince n'est-il pas plus souvent entraîné par plus de passions que n'en a le peuple? Qu'on le compare dans le choix de ses magistrats, n'en fait-il pas d'*infiniment meilleurs* qu'un prince? Parviendra-t-on jamais à lui persuader d'élever à des dignités un homme infâme et de mœurs corrompues? Enfin, s'il a pris quelque chose en aversion, ne le voit-on pas persévérer dans sa haine et garder son opinion pendant des siècles? Les princes montrent-ils une pareille constance? » (Machiavel, Discours sur Tite-Live.)

« Jamais un homme sage ne doit appréhender le jugement du peuple

pables et les plus intéressés est un principe fondamental.

sur tels objets particuliers, comme la distribution des places et des dignités. C'est la seule chose sur laquelle le peuple ne se trompe jamais; ou, s'il se trompe, c'est bien moins souvent que ne ferait un petit nombre d'hommes chargés de ces distributions. » (*Idem et eodem.*)

« Dans les États populaires, les choix sont merveilleux dans les besoins; le vrai mérite n'y est jamais inconnu; la liberté attache à la patrie; elle forme de grands hommes de tous les genres. » (*République* de Bodin.)

« Des magistrats créés légitimement, qui gouvernent du consentement de la nation, n'ont point d'autre intérêt que celui du public, et ne cherchent pas à diminuer les forces du peuple, puisqu'en lui faisant du mal, ils s'en feraient à eux-mêmes, leur force particulière étant inséparable de celle du peuple. » (Sidney Algernon, t. I, p. 628.)

« L'élection, moyen par lequel la probité, les lumières, l'expérience et toutes les autres raisons de préférence et d'estime publique sont autant de nouveaux garants qu'on sera sagement gouverné. » (J.-J. Rousseau, liv. III, ch. v du *Contrat social.*)

« Quand les citoyens d'un même État peuvent se rapprocher, se voir et s'entendre à leur aise, ils découvrent bientôt parmi eux ceux qui méritent d'être estimés; or, comme leur intérêt est d'élire des personnes incapables d'abuser de leurs emplois pour les tourmenter et les voler, ils laissent de côté l'intrigant et choisissent l'homme de bien. » (*Olbie* de J.-B Say, p. 38.)

« Penn vit que le grand objet de la législation est de iriger vers le bien public tous les intérêts particuliers, et que le seul moyen de produire cet effet dans les gouvernements libres est de laisser au peuple la distribution de toutes les charges .... La première loi qui maintient, dirige et rend utile l'amour du pouvoir dans les gouvernements libres et populaires est donc celle qui laisse au peuple entier le choix des personnes auxquelles il doit confier quelque portion de son autorité. » (Gaëtano Filangieri, p. 169 et 170 du tome Ier.)

« Dans tous les gouvernements légitimes, une partie considérable de

Tout citoyen (1), quel que soit son état (2), sa fortune (3)

la forme de gouvernement et des privilèges naturels et essentiels des peuples, c'est de désigner les personnes qui doivent gouverner. » (*Gouvernement civil* de Locke.)

« Rome, après avoir expulsé ses rois, ne fut plus exposée aux dangers qu'elle devait courir sous un roi faible ou méchant. L'autorité souveraine résida pour lors dans les consuls. Ces magistrats, qui ne la devaient ni à l'hérédité, ni à l'intrigue, ni à la violence, mais aux suffrages libres de leurs concitoyens, étaient toujours des hommes supérieurs. Rome, profitant de leurs talents et quelquefois de leur bonheur, put arriver au plus haut point de sa grandeur..... Que ne doit pas faire une république qui, par le mode des élections, peut se donner, non-seulement deux hommes de génie qui se succèdent, mais des successions de pareils hommes à l'infini ! Or, toute république bien constituée doit produire une pareille succession. » (Machiavel.)

« Magistratus demandentur ex populi suffragio, saltem ex consensu. » Tout fonctionnaire tire son pouvoir des suffrages, ou du moins de l'aveu du peuple. » (Ex Arist., lib. VI *Pol.*, cap. II ; lib. IV, cap. XV.)

« Magistratuum suorum electio in unâquâque civitate sit penès ipsum populum. » Les habitants de chaque cité doivent choisir leurs magistrats. » (Ex Polyb., lib. VI.)

(1) « Aux États-Unis, excepté les esclaves, les domestiques et les indigents nourris par les communes, il n'est personne qui ne soit électeur et qui, à ce titre, ne concoure indirectement à la loi. » (*De la Démocratie en Amérique*, par Alex. de Tocqueville.)

« Le peuple est admirable pour choisir ceux à qui il doit confier quelque partie de son autorité. » (Montesquieu, *Esprit des Lois*, liv. II, ch. II.)

(2) En Suisse, le domestique a le même droit électoral que celui qu'il sert.

(3) « On ne corrompt point un honnête homme pauvre, et un fripon riche n'est point à l'abri de la séduction. Le sentiment intérieur qui constitue la probité peut se trouver également dans le cœur du pauvre comme dans celui du riche. » (Condorcet, *Sur les fonctions des états-généraux et des autres assemblées nationales*, t. I, p. 70 et 71.)

ou sa religion, ayant vingt ans révolus, sachant écrire (1), ou ne le pouvant plus par impossibilité physique survenue, domicilié depuis six mois dans une commune, est électeur de cette commune, s'il n'est pas privé momentanément du droit électoral par un jugement passé en force de chose jugée.

Tout citoyen ayant vingt ans et réunissant les qualités voulues pour être électeur, est éligible (2); car, les « peuples libres ne connaissent d'autres motifs de pré- « férence dans leurs élections que les vertus et les ta- « lents (3). » Un citoyen est électeur à vingt ans; il peut donc à cet âge exercer une fonction publique (4).

(1) « Messieurs, vous avez donc fait une chose utile au progrès de l'organisation sociale, utile à l'affranchissement de la liberté, utile aux besoins individuels de chaque citoyen, si vous placez les générations qui doivent nous succéder dans la nécessité de n'arriver à l'exercice des droits de cité qu'après avoir appris à lire et à écrire. » (Daunou, an III, Convention.)

(2) « La loi qui, dans la démocratie, donne à tous les citoyens les mêmes droits aux charges publiques, est donc une des lois les plus nécessaires pour maintenir et diriger le principe du gouvernement. » (Gaetano Filangieri, t. I, p. 171.)

« Gardez votre or et vos honneurs, dit Fabricius au roi Pyrrhus; nous autres Romains, nous sommes tous riches, parce que la patrie, pour nous élever aux grandes places, ne nous demande que du mérite. »

(3) Partie de l'art. 5 de la déclaration des droits de l'homme et du citoyen, présentée au peuple français par la Convention nationale, le 24 juin 1793.

(4) A Rome, Valérius Corvinus n'avait que vingt-trois ans lorsqu'il fut élevé au consulat. Scipion et Pompée exercèrent aussi fort jeunes des fonctions publiques importantes. En Angleterre, Pitt fut ministre à vingt et un ans; Fox, à dix-neuf, faisait l'admiration de la chambre des communes. Landsdowne était, à vingt-deux ans, chancelier de l'échiquier.

Toutes fonctions publiques sans exception n'ont qu'un an (1) de durée. Elles ne peuvent être prorogées pour aucun motif. Cette mesure fondamentale de la républi-

(1) « Il n'est pas si aisé de machiner quand on a peu de temps à rester en place, que quand on y séjourne longtemps. Cette longue durée est précisément ce qui engendre la tyrannie dans les oligarchies et dans les démocraties. Les unes et les autres deviennent la proie des grands. Dans celles-ci, les démagogues; dans celles-là, les magistrats du premier ordre finissent par s'en emparer, quand on leur en donne le temps. » (*Politique d'Aristote*, liv. V, ch. VIII.)

« Les fonctionnaires publics nommés à perpétuité ne se conduisent pas si bien que ceux qui sont nommés pour un temps seulement. D'ailleurs, les citoyens doivent avoir leur tour de commander et d'obéir. » (Aristote, liv. VI *Polit.*, ch. II; lib. VII, ch. XIX.)

« Il est bon que celui qui obéit puisse se promettre qu'un temps viendra où il commandera, et que celui qui commande pense que dans peu il sera réduit à obéir. » (Liv. IV de la *République* de Cicéron.)

« Le changement périodique des gouvernants est le seul moyen de maintenir l'égalité des droits. » (Tite-Live, liv. II, décad. I.)

« Une longue stabilité dans les premiers départements de la puissance exécutrice ou dans des emplois de maniement est dangereuse pour la liberté; c'est pourquoi le changement périodique des membres de ces départements est un des meilleurs moyens d'assurer une liberté solide et durable. » (Art. 31 de la déclaration des droits du Maryland.)

« Si Thémistocle et Phocion sont prolongés dans leur magistrature, un sot, un fripon, dans dix ans, obtiendrait le même honneur. Je voudrais cependant que le magistrat pût se flatter de parvenir encore aux premiers honneurs après avoir été confondu quelque temps avec les simples citoyens; cette espérance lui donnera un zèle qui ne laissera jamais languir les lois et le gouvernement. » (*Principes de législation*, Mably.)

« Après le choix des hommes, vient pour seconde condition leur

que est le plus sûr rempart de la liberté nationale. Aussi, dans la république romaine, les fonctions de consul, de prêteur et de tribun, étaient annuelles.

On ne peut être renommé à une fonction publique qu'un an au moins après être sorti de charge.

Il y avait à Rome une ancienne loi, qui, pour le malheur de cette république, ne fut pas toujours mise en vigueur. Elle défendait de demander une charge dont on avait déjà été revêtu, s'il n'y avait un intervalle de dix ans (1).

Presque toutes les fonctions publiques sont gratui-

amovibilité. Quelle que puisse être la pureté de ceux qui ont mérité la confiance du peuple, il est contre la prudence de laisser trop longtemps le pouvoir résider dans les mêmes mains. Dès qu'il cesse d'être un fardeau pour celui auquel il est confié, il faut le lui retirer; dès qu'il s'en fait une jouissance, il est près de la corruption. La bonne foi même n'est pas une garantie suffisante; car celui qui dispose en un temps de la force pour servir sa patrie, un jour, peut-être, si on la lui laissait trop longtemps, en disposerait pour l'asservir. Malheur à la république où le mérite d'un homme, où sa vertu même serait devenue nécessaire! » (Carnot, Rapport sur le projet de décret relatif à la suppression du conseil exécutif.)

(1) « Les députés qui finissent leur temps ne doivent être de nouveau éligibles qu'après un intervalle suffisant pour laisser au plus grand nombre possible de citoyens la faculté de prendre part à la chose publique qui ne serait plus, si elle pouvait être regardée comme la chose propre à un certain nombre de familles. » (Sieyès, *Qu'est-ce que le tiers?*)

Coutume des Romains.

tes (1), et nul ne peut en exercer deux à la fois ou un plus grand nombre (2).

Tout citoyen nommé à une fonction publique est obligé de la remplir (3), sinon il est privé du droit d'é-

(1) « A Rome, les magistrats ne tiraient jamais d'appointements de leur charge.

« Dans toute la politique, il n'est pas de maxime plus importante que de pourvoir à ce que les magistratures ne soient point lucratives. » (*Politique* d'Aristote, liv. V, ch. VIII)

« On aime bien peu la patrie, quand on demande des salaires pour la servir. Quand on l'aime peu, on est un citoyen peu estimable. » (Mably.)

« Il ne doit être accordé ni conféré, dans cet État, aucuns émoluments, priviléges ou honneurs héréditaires. (Article 22 de la déclaration des droits de la Caroline.)

(2) « Il ne faut pas accumuler plusieurs emplois publics sur une même tête ; c'est assez d'une charge pour celui qui veut la remplir. » (Aristote, liv. VI *Pol.*, ch. II ; liv. IV, ch. XV.)

« Tant que les magistratures seront données à vie, il est évident, pour tout homme qui connaît le cœur humain, que les magistrats les plus sages et les plus justes s'acquitteront mollement de leur devoir et que les autres sépareront leurs intérêts de ceux de la république et travailleront à augmenter leurs richesses ou à se faire une autorité qui leur soit propre. » (Mably, *Gouvernement de Pologne.*)

« Aucune personne ne doit posséder à la fois plus d'un emploi lucratif. » (Partie de l'art. 32 de la déclaration des droits du Maryland.)

« L'assemblée constituante, la constitution de l'an III, et, plus tard, les cortès d'Espagne, ont déclaré incompatibles les fonctions de représentant de la nation avec d'autres fonctions publiques.

(3) « L'ami du peuple est celui qu'il faut chercher longtemps pour l'obliger à remplir les fonctions publiques, qui s'en retire le plus vite qu'il peut et plus pauvre qu'il n'y est entré, qui s'y dévoue par obligation, agit plus qu'il ne parle et retourne avec empressement dans le sein de ses proches, reprendre l'exercice des vertus privées. » (Carnot,

lection et d'éligibilité pendant un certain laps de temps.

Lorsqu'un fonctionnaire public a perdu la confiance de ceux qui l'ont nommé, ces derniers peuvent le révoquer et le remplacer.

Tous les fonctionnaires publics sont responsables vis-à-vis de ceux qui les ont nommés. En quittant leurs charges, ils sont obligés de rendre en assemblée générale, convoquée à ce sujet, un compte exact et fidèle de leur gestion (1). La pénalité établie contre eux, pour cause de mauvaise gestion, croît en proportion de l'importance de leurs charges.

Le devoir des fonctionnaires publics est de procurer à leurs concitoyens la plus grande somme de bien-être physique et moral.

Le devoir des électeurs est de confier les fonctions publiques aux citoyens les plus capables de faire le bien-être commun.

Tout électeur n'ayant pas perdu son droit d'élection et d'éligibilité, et qui, à moins d'impossibilité physique constatée, ne va pas voter, est privé du droit d'élection et

Rapport sur le projet de décret relatif à la suppression du conseil exécutif.)

(1) « Nul fonctionnaire public ne doit être exempté de l'obligation de rendre compte et de répondre de sa gestion au public. » (Liv. VI de Platon sur les lois.)

d'éligibilité pendant un laps de temps et paie une amende au profit des pauvres invalides de la nation.

Le citoyen qui vote dans une autre circonscription que la sienne, celui qui corrompt un électeur, soit par des présents, soit par des promesses ou tout autrement (1), perd son droit d'élection et d'éligibilité pendant un laps de temps très-long.

Le fonctionnaire public qui n'a pas rendu compte de sa gestion à ceux qui l'ont nommé, ou dont la conduite n'aura pas reçu l'approbation de la majorité des électeurs présents, ne peut plus exercer aucune fonction publique.

Dans les élections, les suffrages sont libres, personnels, publics (2) et signés.

(1) « A Rome, la loi punissait la corruption électorale de l'infamie légale et d'une amende de 100 pièces d'or. En Angleterre, dit Blakstone, les coupables sont condamnés à l'amende de 50 livres sterling et déclarés pour jamais incapables de voter ni de posséder aucun emploi dans le bourg ou la province où ce délit s'est commis. » (Dumolart, floréal an v.)

(2) « La loi qui fixe la manière de donner les billets de suffrages est encore une loi fondamentale dans la démocratie. C'est une grande question si les suffrages doivent être publics ou secrets. Cicéron écrit que les lois qui les rendirent secrets dans les derniers temps de la république romaine furent une des grandes causes de sa chute. Comme ceci se pratique diversement dans différentes république, voici, je crois, ce qu'il en faut penser.

« Sans doute que lorsque le peuple donne ses suffrages, ils doivent être publics; et ceci doit être regardé comme une loi fondamentale de la démocratie. Il faut que le petit peuple soit éclairé par les principaux et contenu par la gravité de certains personnages. Ainsi, dans la république

Chap. 42. — *Force armée dans la république.*

Les gouvernements n'existent que pour garantir tous es droits de l'homme. Or les droits de l'homme ne peu-

romaine, en rendant les suffrages secrets, on détruisit tout; il ne fut plus possible d'éclairer une populace qui se perdait. » (Montesquieu, *Esprit des lois*, liv. II, ch. II.)

« Les suffrages sont-ils publics, ils sont toujours justes; alors on discute librement tous les objets soumis à la délibération publique; alors le peuple est éclairé par les lumières des premiers citoyens et contenu par la gravité des plus sages. Il a un frein de plus pour ne pas trahir la vérité et la patrie.

« Cicéron se plaint, avec raison, qu'un usage contraire établi dans les comices offrait au plus grand nombre des Romains, par le moyen d'un secret qui les mettait à l'abri des reproches, le pouvoir de commettre des injustices terribles.

« Pour le malheur de l'humanité, il est peu d'hommes qui sachent rougir devant eux-mêmes;..... les suffrages secrets sont donc, dans une république, la preuve d'un défaut de liberté. Là où la vérité craint de faire entendre sa voix, la vertu est timide et la force puissante; l'esprit d'intrigue s'empare de toutes les assemblées; la main cachée du despotisme ferme sans bruit la bouche de la liberté et étouffe le cri de l'intérêt public. » (Gaetano Filangieri, t. 1, p. 109 et 110.)

« Il faut accoutumer les citoyens à oser dire publiquement leur pensée. Il y a peu d'hommes assez effrontés pour ne pas rougir en montrant la bassesse de leurs sentiments; mais il y en a beaucoup qui ne savent pas se respecter quand ils n'ont qu'eux-mêmes pour témoins de leurs actions. » (Mably, *Gouvernement de Pologne*.)

« Que la loi ne permette pas d'opiner secrètement par la voie du scrutin; vous savez combien cette méthode introduisit d'abus et de corruption dans les comices des Romains. Cicéron s'en plaint amèrement. Chaque citoyen abusa du mystère qui le dérobait aux reproches pour commettre les plus hautes injustices. Peu d'hommes, en effet, savent rougir à leurs propres yeux de leurs faiblesses. » (Mably, p. 184, ***Principes de législation.***)

vent être garantis et maintenus que par une force publique. Une force publique est donc nécessaire.

Les droits civils et politiques sont égaux pour tous; tous doivent donc concourir à la formation de cette force publique. Mais, comme indépendamment des droits civils et politiques, existe un droit de propriété des choses et que les choses ne sont pas et ne peuvent être également divisées entre les citoyens, tous ont un intérêt plus ou moins grand à la garantie de la propriété des choses. Chaque citoyen doit donc concourir *également* à la formation de la force publique nécessaire à la garantie des droits civils et politiques, et *inégalement* suivant ses possessions plus ou moins grandes.

Les droits civils et politiques étant égaux pour tous, tous doivent les défendre de leur personne, à l'exception de ceux qui se trouvent dans l'impossibilité physique de porter les armes (1).

Les choses n'étant pas égales pour tous, tous doivent concourir de leurs deniers, en proportion de l'inégalité de leurs propriétés particulières, aux dépenses nécessaires pour la formation de la force publique.

La force publique doit être souveraine, c'est-à-dire su-

(1) « Rome et Sparte furent libres durant plusieurs siècles, parce qu'elles étaient armées. Les Suisses sont tous soldats, et par conséquent tous libres. » (*Prince* de Machiavel.)

périeure à toute autre force intérieure ou extérieure (1).

S'il existe dans l'État une force supérieure à la force nationale, l'anarchie est inévitable, la guerre civile est certaine.

S'il existe hors de l'État une force supérieure à celle que nous avons formée par nous-mêmes ou par nos alliances, notre indépendance nationale n'a pas de durée constante, et la constitution politique la plus parfaite ne saurait assurer d'une manière ferme et stable la garantie des droits.

Dans la république, tous les citoyens valides, depuis vingt ans jusqu'à vingt-cinq, sont soldats sans distinction de naissance ou de fortune;

Depuis vingt-cinq ans jusqu'à cinquante, de la garde nationale.

Les fonctionnaires publics sont exempts, pendant la durée de leur gestion, du service militaire et de la garde nationale.

Le trésor public pourvoit à l'entretiên des soldats. Il ne fournit, en temps de paix, aux citoyens qui font partie de la garde nationale que les armes, les habillements, les chevaux et les équipements militaires.

Les soldats sont chargés de la défense des frontières et de l'honneur national.

(1) « Rarement on entreprend d'attaquer ceux qui sont bien préparés contre l'attaque. » (*Politique* d'Aristote, liv. VII, ch. XIII.)

Les citoyens qui font partie de la garde nationale sont chargés de prêter main forte à l'exécution des lois, des sentences du jury, des jugements, dans l'intérieur seulement de leur département respectif.

Le ministre de la guerre a le commandement supérieur des troupes de terre et de mer.

Tous les chefs de l'armée sont nommés par l'assemblée des représentants de la nation sur la proposition de l'un de ses membres ou d'un ministre.

Les chefs de la garde nationale sont nommés par les citoyens qui en font partie.

En temps de guerre et d'absolue nécessité, la nomination provisoire et temporaire des chefs de l'armée appartient au commandant spécial de chaque corps d'armée.

Tout citoyen qui, dans un service public, soit en temps de paix, soit en temps de guerre, reçoit des blessures qui le mettent dans l'impossibilité de subvenir à son existence et à celle de sa famille, s'il en a une, reçoit de l'État une pension proportionnée à ses besoins et à ceux de sa famille. Si ses blessures causent la mort, la famille dont ce citoyen était le soutien est entretenue aux frais de l'État jusqu'au moment où ses membres peuvent par eux-mêmes pourvoir à leur existence.

L'expérience de tous les temps prouve un fait qui ne saurait avoir de contradicteur sérieux, c'est que plus un

État renferme dans son sein d'institutions démocratiques, plus il est fort et puissant en cas de guerre.

Dans une république bien constituée, chaque citoyen est soldat, chaque soldat est un héros. Pourquoi? C'est que chaque citoyen jouit sous ce gouvernement de tous les droits de l'homme compatibles avec l'état social. En défendant sa patrie, il défend sa vie, sa liberté, sa propriété, sa famille. Avec ces dieux tutélaires, ou bien il meurt libre et les armes à la main, ou bien il fait rentrer dans le néant l'oppresseur qui veut lui donner des fers.

Athènes soutient pendant trente-huit ans une guerre sanglante contre toutes les nations qui l'entourent.

Agésilas, à la tête des forces de Lacédémone, fait trembler sur son trône le grand roi Artaxercès.

Carthage, victime de la perfidie du sénat romain, voit tout à coup arriver à ses portes de nombreuses légions dont la mission est de la détruire de fond en comble. Elle n'avait pas d'armes, pas de munitions, pas de soldats. En trois jours, trois cent mille combattants surgissent comme du sol. En trois jours, elle a fabriqué des armes, rassemblé des munitions, relevé ses murs. En trois jours, elle a fait les préparatifs nécessaires pour soutenir un siége de trois ans.

Rome, sous la république, est invincible; Rome, sous les empereurs, s'efface de la terre. Il ne lui faut plus que du pain et des spectacles. La lâcheté de ses habitants est si grande que Tibère même en rougit.

Une ligue est formée par les monarques les plus *puissants* de l'Europe contre la république de Venise ; celle-ci se soutient contre eux.

Quinze mille Autrichiens (1388) font une irruption dans la Suisse, quatre cents montagnards les défont complétement à Noéfel.

« Un petit coin de terre, presque noyé dans l'eau, qui ne subsistait que de la pêche du hareng, tient tête à Philippe II et dépouille ses successeurs de presque toutes leurs possessions des Indes orientales (1). »

Les Américains n'ont pas de munitions, pas de fusils, pas de canons, pas d'armées. Néanmoins ils se déclarent indépendants et libres. Attaqués par l'Angleterre, dont ils subissaient la domination, ils résistent avec courage. Chaque citoyen quitte ses foyers pour défendre la liberté nationale. Washington, à la tête de trois à quatre mille combattants, défait une armée de trente à quarante mille hommes.

La France, pendant vingt-cinq ans, tient tête à toute l'Europe coalisée contre elle. Pourquoi? « C'est que, a dit un homme fameux dans la révolution, on peut abandonner sa patrie heureuse et triomphante ; mais menacée,

(1) Voltaire.

mais déchirée, mais opprimée, on ne la fuit pas. On la sauve ou on meurt pour elle (1). »

Sous un despote, il n'est ni patrie, ni liberté, ni bonheur; hommes et biens, tout appartient au prince. Les sujets n'ont donc rien à défendre : malheureux autant qu'ils peuvent l'être, pourquoi se battraient-ils avec courage contre des armées étrangères? Serait-ce pour appesantir leurs chaînes? Mais personne ne devient volontairement l'instrument de son malheur. Ils tiendront nécessairement le même langage que l'âne de la fable, et diront : « Quel que soit notre maître, nous ne porterons pas un plus lourd fardeau. »

Dans la monarchie constitutionnelle, il est permis à chacun de se faire remplacer dans le service militaire; mais, comme le pauvre seul consent, pour l'argent qu'on lui offre, à devenir remplaçant, comme il ne peut lui-même se faire remplacer, lui seul compose les armées et répand son sang pour maintenir un gouvernement qui le prive de presque tous ses droits. Peser ainsi dans la même balance le sang et l'or, c'est de l'injustice, c'est de l'infamie.

Chap. 43. — *Droit d'insurrection.*

J'ai dit au commencement de cet ouvrage que l'usurpation des libertés nationales, par un seul ou par plu-

(1) Robespierre, Assemblée législative, avril 1792.

sieurs, était le plus grand des crimes. Combattre cette usurpation par tous les moyens qu'approuvent la raison et l'humanité est non-seulement un droit pour chaque citoyen, mais un devoir (1).

(1) A Athènes, une loi de Solon contenait les dispositions suivantes : « Si un autre gouvernement vient à s'élever sur les ruines de la démocratie, tous les magistrats sont tenus de se démettre immédiatement de leurs emplois, et il est permis à chaque citoyen d'arracher la vie non-seulement au tyran, mais à ses complices et aux magistrats qui auraient conservé leurs fonctions. »

« On peut demander : Qu'est-ce qu'on devrait faire si ceux qui sont revêtus du pouvoir exécutif, ayant entre les mains toutes les forces de l'État, se servaient de ces forces pour empêcher que ceux à qui appartient le pouvoir législatif ne s'assemblassent et n'agissent lorsque la constitution originaire de leur assemblée ou les nécessités publiques le requéraient? Je réponds que ceux qui ont le pouvoir exécutif, agissant, comme il vient d'être dit, sans en avoir reçu d'autorité d'une manière contraire à la confiance qu'on a prise en eux, sont dans l'état de guerre avec le peuple, qui a droit de rétablir l'assemblée qui le représente et de la remettre dans l'exercice du pouvoir; car, ayant établi cette assemblée et l'ayant destinée à exercer le pouvoir de faire des lois dans de certains temps marqués ou lorsqu'il est nécessaire, si elle vient à être empêchée par la force de faire ce qui est nécessaire à la société et en quoi la sûreté et la conservation du peuple consistent, le peuple a droit de lever cet obstacle par la force. Dans toutes sortes d'états et de conditions, le véritable remède qu'on puisse employer contre la force sans autorité, c'est d'y opposer la force. Celui qui use de la force sans autorité se met par là dans un état de guerre, comme étant l'agresseur, et s'expose à être traité de la manière qu'il voulait traiter les autres. » (Locke, *Gouvernement civil.*)

« Que doivent faire les peuples soumis à la domination d'un despote? Ils doivent appeler au ciel, comme fit Jephté, et interjeter appel jusqu'à ce qu'ils aient recouvré le droit de leurs ancêtres, qui était d'avoir un pouvoir législatif établi sur eux aux décisions duquel ils acquies-

Le gouvernement démocratique est le seul qui reconnaisse et maintienne l'exercice de la partie des droits naturels compatible avec l'état social. Aussi le droit d'insurrection contre tout usurpateur de la souveraineté populaire y est-il une loi fondamentale.

L'histoire de la république romaine, des Provinces-Unies et de l'empire français, prouve que le meilleur moyen de prévenir l'usurpation des libertés publiques par un seul ou par plusieurs est :

1° De ne pouvoir exercer qu'une fonction publique à la fois et seulement pendant un an ;

2° De ne pouvoir gérer de nouveau qu'un an après être sorti de charge.

Il est dans la nature de l'homme d'étendre sans cesse son autorité, sa puissance et sa domination.

Le peuple, en conférant à un citoyen l'exercice de quelque fonction publique, doit donc l'entourer d'une surveillance d'autant plus active qu'il lui confère un pouvoir plus étendu.

Le cumul et la prorogation des fonctions publiques ont causé la ruine de la république romaine, de celle des Provinces-Unies et de la nôtre.

Il y avait à Rome une loi très-sage qui défendait d'élire le même citoyen pendant deux années de suite aux

çaient, quand le plus grand nombre des personnes qui étaient revêtues de ce pouvoir les avaient faites. » (*Idem et eodem.*)

fonctions de consul; mais cette loi, violée pour la première fois en faveur de Marius, pendant la guerre contre les Cimbres et les Teutons, cessa depuis d'être en vigueur.

Son abrogation tacite permit à César et à Octave de réunir en leur personne tous les pouvoirs de l'État et d'anéantir la liberté de leur patrie.

Du moment où fut abolie la loi qui défendait à un citoyen d'exercer à la fois plus d'une fonction publique et plusieurs années successives, le despotisme était certain dans Rome. Lucius Quintus, l'un de ses plus grands citoyens, convaincu de cette vérité, refusa l'offre que lui fit le sénat de le continuer une seconde année dans ses fonctions de consul. « J'aime mieux, dit-il, renoncer à la gloire du consulat pour l'année prochaine. Accepter cette dignité deux années de suite serait montrer à de mauvais citoyens le chemin de la tyrannie. »

Maurice de Nassau, nommé capitaine-général des Provinces-Unies après la mort de son père, chasse les Espagnols de la Hollande et se conduit un bon citoyen. Mais le commandement en chef lui est continué pendant plusieurs années successives; son pouvoir lui tourne la tête; il rêve bientôt un trône en Hollande, et, par conséquent, l'anéantissement des libertés de son pays.

Le républicain Barneveldt, dont le grand âge (il avait soixante-douze ans) n'a pu refroidir ni le cœur ni la tête, s'oppose de toutes ses forces aux projets liberticides de Maurice. Il ne se dissimule pas qu'en défendant la liberté nationale, il court droit à l'échafaud; mais son âme est inaccessible à la crainte; il fait son devoir. Maurice essaie sa puissance en faisant tomber à ses pieds la tête vénérable de ce vertueux citoyen. Frédéric Henri de Nassau *succède* à son frère, et la liberté publique n'existe plus en Hollande.

Les pouvoirs nombreux longtemps continués entre les mains de Napoléon ont amené chez nous son despotisme militaire. Toujours la même cause produira les mêmes effets.

CHAP. 44. — *Devoirs de l'homme dans la république.*

Les devoirs de l'homme dans la république sont :

1° L'obeissance à la loi ;

2° La fraternité ;

3° L'amour de la patrie.

1° *Obéissance à la loi.*

Le bonheur est la réunion complète en nous de tout ce qui peut le mieux concourir à créer, augmenter et fixer notre bien-être physique et moral.

Se rendre le plus heureux possible et le plus longtemps possible est, pour les individus comme pour les nations, un droit naturel, inaliénable et imprescriptible, un droit duquel émanent tous les droits, tous les devoirs. C'est pour atteindre ce but que les hommes réunissent leurs forces individuelles, se forment en corps de nation et vivent sous des lois communes.

Sans liberté législative, il n'est point pour les nations de bonheur possible. Le droit de faire leurs propres lois et de n'obéir qu'à elles est donc absolument nécessaire à leur bien-être (1).

Les lois sont les conditions sociales faites ou consenties librement par la majorité des citoyens de chaque nation. Elles n'ont et ne peuvent avoir pour objet que la garantie de tous les droits de l'homme compatibles avec l'état social et l'exécution de tous les devoirs (2).

L'unanimité des votes de tous les citoyens d'une nation

(1) « Plus les peuples ont eu part à la législation, plus leurs lois ont été impartiales et la société florissante. » (Mably.)

(2) « C'est au peuple qu'appartient le pouvoir de faire des lois; c'est là son droit imprescriptible, un droit qu'il ne peut jamais perdre, un droit que nulle forme de gouvernement ne peut lui enlever; car il cesserait d'être libre si les lois qui doivent le régir n'étaient pas entièrement l'effet de sa volonté générale. » (Boissy-d'Anglas.)

« Les citoyens ne peuvent être soumis à d'autres lois qu'à celles qu'ils ont librement consenties par eux ou par leurs représentants, et c'est dans ce sens que la loi est l'expression de la volonté générale. » (Projet de constitution présenté par Mounier, le 27 juillet 1789, à l'assemblee nationale.)

« C'est une loi fondamentale de la démocratie, que le peuple seul fasse les lois. » (Montesquieu, *Esprit des lois*, liv. II, chap. 2.)

« Le citoyen ne doit obéir qu'aux lois. » (D'Holbac, *Morale universelle*, titre II, p. 59.)

pour la formation des lois qui les régissent serait une condition absolument nécessaire, si la diversité naturelle des esprits ne la rendait impossible; mais, puisque l'unanimité des votes est impossible, il faut adopter un mode à l'aide duquel les intérêts de tous soient cependant fidèlement représentés et défendus.

Ce mode, suivi dans la république, est de rendre également obligatoires pour tous les citoyens les lois adoptées par le plus grand nombre; car, dit Locke, «ce que fait et conclut le plus grand nombre est considéré comme étant fait et conclu par tous; les lois de la nature et de la raison dictant que la chose doit se pratiquer ainsi.»

Les lois adoptées par la majorité des citoyens d'une nation et obligatoires pour tous, sans distinction et sans privilége, ne peuvent qu'être avantageuses à tous. Car il n'est pas dans la nature des êtres de préférer le mal au bien lorsque l'un et l'autre se présentent également à leur choix. C'est donc un devoir pour chaque citoyen de se soumettre aux lois nationales et de les exécuter le plus fidèlement possible. C'est le plus sûr moyen de vivre libre et heureux.

2° *Fraternité.*

La fraternité est l'amour de ses semblables sans distinction de nom, de naissance, de religion, de fortune et de nation.

L'égoïsme le mieux compris serait la fraternité; mais

le sentiment de notre bien-être individuel, à l'exclusion de celui des autres, prédomine trop souvent dans le cœur de chaque homme. Peu pensent et disent comme Fénelon : « J'aime ma famille plus que moi-même, ma patrie plus que ma famille, et l'humanité entière plus que ma patrie. »

Agir envers les autres comme on voudrait qu'ils agissent avec nous, est un devoir sacré pour tous les citoyens de la république (1). Il ne faut donc pas s'étonner si dans les gouvernements républicains les exemples de désintéressement, d'abnégation et de fraternité, se renouvellent tous les jours, tandis que, dans les monarchies, on ne voit partout que l'isolement et l'égoïsme, compagnons inséparables de la servitude.

(1) « Les droits des autres sont les limites naturelles du nôtre et le fondement de nos devoirs envers les autres individus qui forment le corps social ; nos devoirs ont pour bases ces deux principes que la nature a imprimés dans le cœur de tous : 1° Fais aux autres en toutes occasions ce que tu voudrais recevoir d'eux ; 2° ne fais pas à autrui ce que tu ne voudrais pas qui te fût fait. » (Constitution de Venezuela.)

« Tous les devoirs de l'homme et du citoyen dérivent de ces deux principes gravés par la nature dans tous les cœurs : Ne faites pas à autrui ce que vous ne voudriez pas qu'on vous fît. — Faites aux autres le bien que vous voudriez en recevoir. » (Déclaration des droits de la république italienne.)

« Les devoirs de l'homme social dérivent tous de ce principe sacré : Ne fais point à autrui ce que tu ne voudrais pas qui te fût fait. — Fais constamment à autrui tout le bien que dans des circonstances semblables tu voudrais recevoir de lui. » (Art. 6 de la constitution du peuple batave.)

3° *L'amour de la patrie.*

Après le culte de Dieu, le culte de la patrie est celui de tout homme vertueux et libre. Le Spartiate aimait sa patrie, le Romain aimait sa patrie, nos pères de 89 aimaient leur patrie. Aussi nous les admirons, nous les divinisons. La postérité la plus reculée parlera de leur courage militaire, de leurs vertus, de leur amour pour la liberté, pour leur pays, pour l'humanité.

Comme eux soyons vertueux; comme eux aimons la liberté, l'indépendance, la patrie. Si les despotes qui nous entourent veulent envahir notre territoire et faire peser sur nos têtes les lourdes chaînes de l'esclavage, que nos têtes se relèvent et les regardent en face.

Combattons-les jusqu'au dernier soupir, et que chacun d'eux ne prenne de notre territoire que la partie nécessaire à sa sépulture.

Combattons-les jusqu'au dernier soupir, car la liberté veut être conquise et défendue. Elle abandonne à leur malheureux sort les hommes qui pour la posséder ne savent pas lui faire le sacrifice de leur repos, de leurs biens, de leur vie.

Combattons-les jusqu'au dernier soupir; car, après le poids accablant d'une mauvaise conscience, il n'est pas, sur la terre, de fardeau plus pesant que la servitude.

Puissent tous les peuples le savoir et recouvrer bientôt leur liberté !

www.ingramcontent.com/pod-product-compliance
Ingram Content Group UK Ltd.
Pitfield, Milton Keynes, MK11 3LW, UK
UKHW020309180726
13839UKWH00001B/413